무궁화

근포 조순규 시조 전집

박태일 엮음

도서출판 경진

조순규 생가터

모교이자 뒷날 일터였던 동래고보 정문

조순규가 문맹 농민을 위해 밤배움을 이끌었던 곳, 울산광역시 울주군 웅촌면 대대리. 지금은 마을회관으로 쓰고 있다.

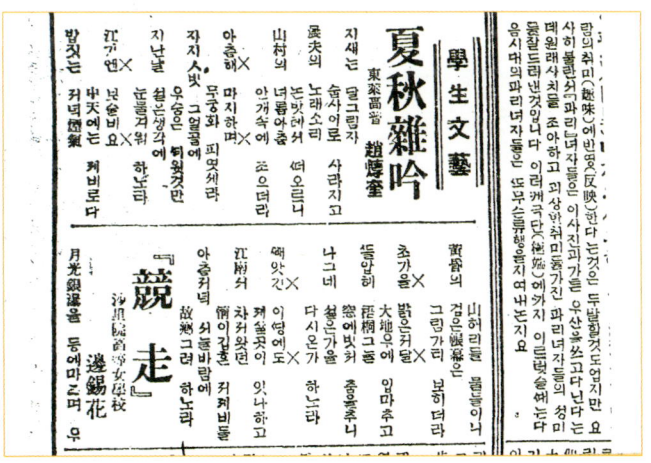

조순규의 첫 발표 시조 「하추잡음(夏秋雜吟)」(1927)

동아일보 피검 기사(1928. 11. 29)

육필 민요집 『무궁화』(1931) 표지. 조순규가 손수 그렸다.

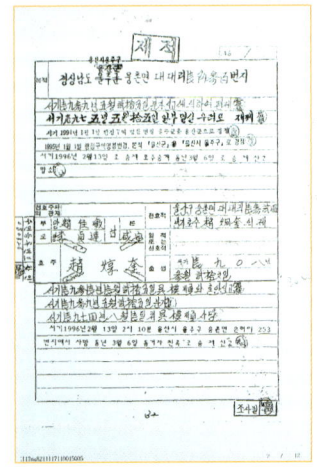
조순규의 호적(본인 자리)

육필 시조집 『계륵집』 표지

경남여고 교사 시절의
근포 조순규(1960)

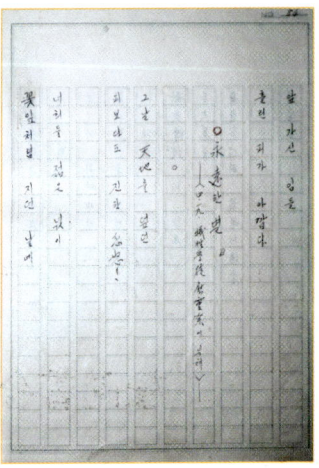
육필

조순규가 작품을 실었던 매체들. 『시조연구』·『군봉』·『청구문학』·『겸남여고』

발급번호 : 44057

경력 증명서

성 명	한글	조순규		생년월일	1908년 03월 26일
	한자				

주 소	경남 웅주군 웅촌면 대대리 산24 1300번지		

근무기간		직급(위)	근무부서
부터	까지		
1946.02.28	1947.11.22	면장	울산군 웅촌면
1950.02.15	1951.10.31	강사	동래중학교
1951.11.01	1952.03.30	중학교준교사	동래중학교 겸 동래고등학교
1952.03.31	1952.08.30	고등학교준교사	동래고등학교
1952.09.31	1955.04.16	고등학교임시교사	동래고등학교
1955.04.17	1959.04.12	고등학교교사	동래고등학교

25년 3월	최종직위(급)	고등학교교사

정년퇴직

경력 증명서

발급번호 : 44057

성 명	한글	조순규		생년월일	1908년 03월 26일
	한자				

주 소	경남 웅주군 웅촌면 대대리 산24 1300번지		

근무기간		직급(위)	근무부서
부터	까지		
1959.04.13	1968.02.28	고등학교교사	경남여자고등학교
1968.03.01	1970.03.16	고등학교교사	부산원예고등학교
1970.03.14	1972.03.31	고등학교교사	부산공업중학교
1972.04.01	1973.08.31	고등학교교사	부산실업고등학교
1973.08.31	1973.08.31	고등학교교사	정년퇴직

조순규의 경력증명서. 임시교사에서 준교사로 다시 교사로
옮겨간 직급 변이가 그의 고단했을 삶을 대변해 준다.

8 _ 무궁화

머리글

　근포 조순규(1908~1994)는 이름을 세상에 들내지 않았으나 평생 시조 사랑을 실천하다 간 시인이다. 그와 첫 만남은 스무 해도 가까운 옛날에 이루어졌다. 지금은 사라진 지 오래인 부산 명장동 헌책방 금정서점에서였다. 여느 때와 같이 들렀던 거기서 서점주 조 씨는 낡은 종이 상자 하나를 꺼내 주면서 살피기를 권했다. 나는 그것이 모처럼 만난 묵은 책더미임을 직감하고 상자째 한꺼번에 챙겼다. 집에 와 살피니 근포의 육필 시조집 『계륵집』과 나머지 문건이 든 종이봉투까지 나왔다. 근포가 별세한 뒤 어수선한 과정에서 그들이 한 묶음으로 흘러 나왔던 셈이다. 이 필연! 때가 닿으면 육필 시조를 펴내야겠다는 생각까지 담은 뒤 나는 그것을 오래 밀쳐 두었다.

　그러다 다시 꺼낸 때는 몇 해 앞이었다. 내가 뜻을 두고 있는 경남부산지역문학회에서 울산 지역 근대문학 사료를 발굴, 갈무리하고자 하는 일을 시작한 것이다. 첫 결실이 2008년 김봉희 교수가 낸 『신고송 문학 전집』 두 권이었다.

2010년 한정호 교수가 엮은 『서덕출 전집』이 이어졌다. 그리고 세 번째로 내가 근포 조순규 시조집을 내기로 했다. 그리하여 2011년 『근대서지』(근대서지학회) 4집에 「무궁화 시인 조순규의 삶과 시조」를 발표하면서 그를 세상에 처음으로 알렸다. 그런 뒤 해를 넘기고 이제 울산 지역 근대문학 총서 세 번째 기획으로 『무궁화』(근포 조순규 시조 전집)를 낸다. 감회가 예사롭지 않다. 울산 지역 차원의 문학 사료 발굴과 출판은 앞으로 역내에서라도 꾸준히 이어지기를 바란다. 『오영수 전집』, 『눈솔 정인섭 전집』, 『근대 울산문학 매체 번인』과 같은 일이 그것이다.

이제 조순규의 유고를 한자리에 묶으면서 오래 앞서 책방 한 구석에서 만났던 인연의 큰 매듭은 푼 셈이다. 처음 연을 맺어 주었던 금정서점 주인 조 씨는 그 뒤 책방을 접었다. 아내가 펼친 볶음떡 주전부리 장사에 생계를 맡긴 뒤 가까운 산길 산책으로 하루해를 보냈다. 그러니 다시 만날 일이 없다. 어쩌면 벌써 저 세상 사람이 되었는지 모른다. 그렇지 않다 하더라도 이와 잇몸이 따로 떠돌 노년의 아침 산책 걸음을 힘겹게 거듭하고 있으리라.

근포 조순규는 1908년 울산 웅촌에서 태어나, 1994년 부산 동래에서 임종할 때까지 무명 시조 시인으로, 무명 교사로 살다간 이다. 그의 작품이 지닌 빼어난 됨됨이는 책 뒤에 붙인 풀이로 미루거니와, 그의 무명을 버티게 한 힘은 1920년대 후반 동래고보 재학시절부터 지녔던 민족적 울분과 청년기의 열정적인 포부였다. 해마다 항왜 동맹휴교를 멈추지 않았던 동래고보의 열렬 청소년 문사로 이름을 내걸었던 그는 졸업하자마자 동래경찰서 왜경에 피검되고 말았다. 그리하여 1년에 걸친 옥고를 치르고 나와 고향에서 농민을 위한 밤배움과 농민조합 활동을 벌이며 지식청년으로서 의기를 길렀다. 그 뒤 그의 삶은 우리 근현대사의 어두운 골짜기를 걸었던 숱한 청년들이 몸과 마음에 아로새겼던 좌절과 고통의 곡절을 고스란히 되풀이했다. 그런 과정에서도 무궁화로 대표되는 그의 겨레 사랑과 시조 사랑은 한결같았다. 그가 임종한 지 스무 해에 가까운 오늘, 그의 시조가 비로소 세상 속에 전모를 선뵌다. 이들이 다시 정보 홍수 속에서 무명으로 되돌아갈지라도 그의 문학이 대표하는, 1920년대 후반 울산 지역 지식청년의 열정과 포부의 큰 줄거리는 잊히지 않을 것이다.

책 맨 앞머리에 조순규의 육필 시조집 『계륵집』을 올리고 그 뒤에 거기에 실리지 않은, 조선일보 지면을 빌었던 초기 작품과 번역시들을 이었다. 그리고 광복기부터 그가 일했던 모교 동래고교와 경남여고 교지에 발표한 평론 세 편을 끝에 붙였다. 그의 문학관을 아는 데 도움이 될 글들이다. 풀이는 『근대서지』에 실었던 것을 손질해 올렸다. 책 이름은 '무궁화'로 삼는다. 자호인 근포(槿圃) 곧 무궁화 동산뿐 아니라 겨레 사랑 남달랐던 그의 뜻과 삶을 살린 이름이다. 기회가 닿는 대로 남아 있는 그의 청년기 산문집 『잡초록』과 뜻대로 펴냈더라면 우리 근대 첫 본보기가 될 뻔했던 육필 민요집 『무궁화』까지 하루바삐 세상에 선뵐 수 있기 바란다. 이승에 남아 있는, 그를 기억할 많지 않은 이들과 더불어 출판의 기쁨을 오롯이 나누고 싶다.

2013년 2월 박태일

일러두기

1. 이 책은 조순규 시인이 1960년대부터 1970년대 사이에 손수 적고 다듬었던 육필 시조집 『계륵집』에 실린 76편을 벼리로 삼았다. 그리고 거기에 실리지 않았던, 1920년대 후반에서 1930년대 초기 작품 15편과 번역 한시 3편, 평론 3편을 모아 엮었다. 따라서 모두 97편이 실렸다.
2. 원문주의를 원칙으로 삼되, 띄어쓰기만은 오늘날 규정에 따랐다. 지역어도 그대로 살렸다.
3. 한자로 적힌 자리는 한글로 바꾸어 올리되, 필요한 곳에는 괄호 안에 한자를 넣어 처리했다.
4. 작품 읽기에 도움이 필요한 곳에는 엮은이가 각주로 풀이를 덧붙였다.

차례

머리글 ___ 09

제1부 육필 시조집 『계륵집(鷄肋集)』

석류 21
파초 22
박꽃 23
백합화 25
낙엽 (1) 26
춘란 27
호수 28
바다 29
바위 30
별 31
하늘 32
또 하늘 33
빗소리 34
옛 동산에서 35

단오 36

내 고향 37

가버린 꿈 38

산사 39

개미 40

다릿목에서 41

눈길 42

다방에서 43

추억 44

춘소(春宵) (1) 45

춘소(春宵) (2) 47

조춘부(早春賦) 49

낙조 51

춘산등척(春山登陟) 53

석굴암 관음상 54

감꽃 필 무렵 55

전적(戰跡) 56

풍란 57

무궁화 58

불을 뿜고 죽어라 59

소꿉질 61

귀향시초 62

독백 64

금정산성 65

청산송(靑山頌) 66

슬픈 족속 67

모일(暮日)을 등지고 69

만가(輓歌) 71

춘우음(春雨吟) 72

춘일(春日) 73

춘원(春怨) 74

추일한정(秋日閑情) 76

사친애곡(思親哀曲) 77

울 애기 만장(輓章) 79

오월의 노래 80

제(題) 무상(無常) 81

낙엽 (2) 82

진달래꽃 83

벽 84

영원한 별 86

염원 88

차운(次韻) 하보(何步) 님 「산거(山居)」 시 89

꽃밭 90

낙엽 (3) 91

들국화 93

망부석 95

노목(老木) 97

영마루에 올라 99

맹아롱(盲啞聾) 101

무덤에서 102

고총(古塚)에서 104

즐거운 한때 106

영지(影池) 108

불국사 다보탑 110

촉규(蜀葵) 112

저녁노을 113

거목(巨木) 114

부활 116

실솔한(蟋蟀恨) 118

다방에서 120

내장산 탐승 122

나목 124

제2부 『계륵집』에 실리지 않은 시

하추잡음(夏秋雜吟) 127

가을밤 129

죽음 130

비밀 131

눈물이라도 132

봉래유가(蓬萊遊歌) 133

새벽이여 137

발자국 139

별 140

가을잡영(雜詠) *141*
님 생각 *143*
갈보청 *144*
무궁화 *145*
지연(紙鳶) *146*
을미제일음(乙未除日吟) *147*
춘야낙성한적(春夜洛城閒笛) *148*
춘규(春閨) *149*
자야춘가(子夜春歌) *150*

제3부 평론

시조 형식에 대한 소고 ___ *153*
내가 수집한「영남 이앙가(移秧歌)」소고(小考) ___ *161*
우리 고전문학에서 찾을 수 있는 멋 ___ *196*

제4부 풀이

무궁화 시인 조순규의 삶과 시조 ‖ 박태일 ___ *219*

조순규 해적이 ___ *273*

제1부

육필 시조집 『계륵집(鷄肋集)』

석류

아픔도 자랑인 양 고이 품어 간직혀라
겉으론 투술해도¹⁾ 속속들이 빛난 결정
우러러 임의 마음을 여기 와서 보는가

지극히 빛난 눈매 가시우고 바래어라
투명한 하늘 아래 참다 못해 터진 상처
알알이 흐르는 구슬 도로 황홀하구나

---

1) '도사려도'라는 뜻인 듯. 시인의 개인 지역어.

파초

파초는 숱한 날을 가슴이 치밀은다
드리운 치맛자락 폭폭이 젖은 향수
오늘도 남녘 하늘은 저다지도 고운데

파초는 서러워라, 소군(昭君)[2]처럼 가련한 몸
그 눈에 삼삼이는 먼 남쪽 파란 하늘
미칠 듯 그리워 발돋움만 하는가

고개 길게 뽑아 무엇을 바라는고
천만리 고향 길은 구름결로 아득한데
그리운 꿈길을 저어 기약 없이 헤맨다

---

2) 중국 전한 시대 궁녀 왕소군을 이른다. 화친책에 따라 북쪽 흉노에게 시집을 갔다.

박꽃

수줍게 몸을 지켜 긴긴 날을 도사리다
아스람 달빛 아래 뉘도 몰래 피어난 꽃
하야니 버는 송이에 사무치는 사연을

밤은 깊어가고 만뢰[3] 또한 잠든 이제
무엇이 그립길래 너만 홀로 잠 못 든고
함초롬 이슬에 젖어 이 한밤을 새느니

아득히 언제런가 달빛 아래 소복하고
애타는 몇몇 밤을 눈물짓다 지친 그 임
저 하늘 반디도 날아가신 길을 밝히네[4]

---

3) 온갖 것에서 나는 여러 가지 소리.
4) 『군봉』 8호에 아래와 같이 실렸다. "수집게 몸을 지켜/온 종일을 도사리다/아스람 별빛 아래/뉘도 몰래 피어난 꽃,//새하얀/송이 송이에/사무치는 정이여.//밤은 깊어만 가고/만뢰 또한 잠 들었는데//무엇이 그립길래/너만 홀로 잠 못 들고//함초롬/이슬에 젖으며/이 한밤을 새는가.//아득히 그 언젠가/달빛 아래 소복하고//애타는 며칠 밤을/눈물 짓다 가신 누님,//그때, 그/모습 같이도/진정 슬픈 꽃이여."『군봉』 8호, 동래고등학교, 1959. 그리고 한 해 뒤, 경남여고로 일터를 옮긴 뒤, 『청구문학』에는 다음과 같이 고쳐 실었다. "수줍게 몸을 지켜 도사리다/아스람 달빛 아래 뉘도 몰래 피어난 꽃/하야니 버는 송이에 사무치는 사연을//밤은 깊어가고 만뢰 또한

잠든 이제/무엇이 그립길래 너만 홀로 잠 못 든고/함초롬 이슬에 젖어 이 한밤을 새느니//아득히 언제런가 달빛 아래 소복하고/애 타는 몇 몇 밤을 눈물짓다 지친 그 임/저 하늘 반디도 날아가신 길을 밝히네"『청구문학(靑鳩文學)』2집, 경남여고 문예반, 1960.

백합화

저리도 수줍어서 고개 들지 못하는가
아미(蛾眉) 소곳이 입가에 머금은 웃음
그대는 그 뉘 같이도 예쁘고나, 참으로

낙엽 (1)

오붓이 가지마다 봄을 벌써 마련하고
마지막 그 정열을 불사르며 지는 잎새
죽음은 찬란한 보람 타오르는 향로여

춘란

골짜기 흐르는 물 도란도란 속삭이고
청태 수놓아 아롱진 바위서리
한 포기 난이 피었네 청초하게 살자네

호수

항시 어디론지 달리고 싶은 마음
북받쳐 터지려는 울분을 삭이면서
울지도 차마 못해라 도사리는 인고여

바다

너는 울분에 겨운 한 마리 성난 짐승
애꿎이 기슭을 물고 밤낮을 울부짖어
가슴도 어스러져라 부딪치는 넋이여5)

---
5) 「동아시조」에 실렸다. 『동아일보』, 동아일보사, 1962. 12. 19.

바위

억겁 풍상에도 오히려 다문 입술
속 깊이 아픈 사연 돌이끼로 감싸 안고
저토록 견디는 침묵 말이 따로 있으랴[6]

---

6) 『군봉』에 손질하여 실었다. "세월(歲月)이 흐르는 대로 날로 굳어만지는/ 하많은 사연을 지닌 채 항시(恒時) 입다문 바위/억만(億萬) 년 침묵이 오히려 웅변(雄辯)보담 좋아라"『군봉』 5집, 동래고등학교 문예부, 1956.

별

얼마나 우러런가 숱한 밤을 새운 나달
무수한 눈매들이 의초롭게 소근대고
저 하늘 어느 별 속에 너는 숨어 사느뇨

새도록 추스려도 네 모습은 안 보이고
나만 그리움에 애 태워 지쳤느니
흩어져 일만 성좌를 몇 번이나 했던고

때로는 저 별들이 눈짓마저 너로 보여
한껏 반가움에 이름도 불러보고
긴 밤을 한양7) 이렇게 지새워도 보았다

---

7) 하냥.

하늘

하늘 오 하늘 너는 내 꿈의 보금자리
가슴 가득히 하두 한 꿈을 품고
오늘도 해바라긴 양 너를 우러러 섰도다

너만 바라보면 내 마음은 한 마리 새
여기 우두커니 몸뚱이만 남겨두고
푸르르 날아 날아서 네 가슴을 더듬느니

비애도 또 분노도 눈 녹듯 사라지고
방싯 마음속에 곱게 피는 장미 장미
즈믄 햴 너만 바라고 살고저운 하늘아[8]

---

8) 부산에서 나온 근대 첫 시조 잡지 『시조연구』에 실렸다. "하늘, 오! 하늘, 너는 내 꿈의 보금자리,/가슴 가득히 하도 한 꿈을 품고/오늘도 해바라기마냥 너를 우러러 섰노라//너만 바라보면 내 마음은 한 마리 새,/여기 우두커니 몸둥이만 남겨두고/푸르르 날아 날아서 네 가슴을 더듬노니//비애분노(悲哀忿怒) 모두 눈녹듯 사라지고/방긋 마음 속에 곱게 피는 장미(薔薇), 장미(薔薇),/즈믄 햴 너만 바라고 살고 저운 하늘아!" 『시조연구』 1집, 시조연구사, 1953.

또 하늘

항시 너만 바라고 살고저운 맘이기에
내 또 오늘 여기 산마루 혼자 올라
미친 듯 너를 부르며 활개치고 섰도다

하늘 너는 진정 내 마음 코스모스
눈 감아도 환히 보이는 그 맑은 빛발 속에
안기는 나는 이대로 한 포기 해바라기

빗소리

임의 발자췬 양 조심스런 소리 있어
불현듯 일어앉아 창문을 열뜨리니
나직이 드리운 하늘 속삭이는 빗소리

무엔지 아쉬움에 홀로 듣는 저 빗소리
메마른 내 가슴 속 번져드는 정일런가
잃어진 꿈길을 찾아 마음마저 설렌다

옛 동산에서

눈만 감으면 아른대는 너의 모습
진주홍 갑사당기9) 삼삼이는 가시네사
추억은 이리도 내 마음 울릴 줄을 몰랐구나

날리는 송홧가루 오월도 화창한 날
너와 나 이 동산서 진달래 꺾다 말고
귀촉도 피 젖은 울음 맹세 또한 굳었거니

오호 너는 이미 가고 다시는 못 올 사람
우리 함께 놀던 뒷동산 양지 편에
네 몸은 백골로 묻히고 나만 이리 우는구나

---

9) 갑사댕기.

단오

향긋한 창포물에 머리 곱게 감아 빗고
동리 아가씨들 추천놀이 흥겨워라
휘영청 노송 가지도 둥실 춤을 추거니

발 굴려 뛸 때마다 나부끼는 빨간 당기
제빈 양 호접인 양 휘날리는 치맛자락
그 옛날 오월 단오는 흥겹기만 하더니

내 고향

내 고향 두메 산골 봄이면 더욱 고운 산골
골짜기 골짜기마다 활짝 피는 진달래꽃
그 꽃을 아람 따다가 놀던 시절 그립다

꽃싸움하고 놀다 정말 싸움하던 그 벗
어느 곳 그 뉘 집에 시집가서 즐기는고
티 없던 그날 그때가 그리워라 그리워

순이랑 남이 함께 어깨동무 세 동무에
들로 산으로 쏘다니던 어린 시절
그 시절 차마 겨워라 삼삼이는 내 고향

가버린 꿈

향긋한 풀 내음새 모깃불 타는 연기
멍석 깔고 누워 별 헤이던 내 고향에
맺아둔 마음은 남고 나만 이리 떠돌고

쇠여물 끓이는 방 뜨끈한 아랫목에
호롱불 마주 앉아 긴 밤 꼬박 드새우며
읽었던 숙향전마저 버린 채로 멀구나

한 끝은 내 가슴에 또 한 끝은 네 가슴에
이이진 무지개도 피가 서로 통했서니
아득히 잃어진 꿈길 다시 못 올 그리움

산사

법당 안 늙은 스님 경상 앞에 조우는가
한 시일 태고로와 고요도 겨운 산사
뎅그랑 풍경 소리만 한가로이 들리고

깨끗이 쓸어 놓은 불이문 넓은 뜨락
사푼 떨어지는 목련꽃 두어 송이
황홀한 법열에 쌓여 나를 잊고 앉았다

개미
— 누령(累齡) 오십을 맞으면서

한 여름 뙤약볕에 땅이 금져 갈라져도
모질게 살아보자 허덕이는 숱한 미물
멍하니 굽어다 보는 내 몰골이 슬퍼라

누구서 이 나이에 천명도 깨쳤어라
지지리 욕된 삶을 가누지도 못하는 몸
차라리 내 살을 흩어 네게 던져 주리라

다릿목에서

기어히[10] 건너야 할 막다른 운명들인데
다리는 오늘도 걸려 있지 않았다
밀치락 닥치락하며 아우성치는 사람들

강 저 건너편 바라던 무엇이 있으리라
모두 다 이리들 악을 쓰며 덤비는데
수많은 사람들 속에 나도 함께 끼인다

정작 건너가서 오히려 실망이 올지라도
되돌아서기엔 이미 때는 늦었어라
서러운 꿈들을 안고 바라보는 강산아

---

10) 기어이.

눈길

행여나 더럽힐까 밟기 또한 황송한데
그 뉘가 지나갔나 오목조목 자욱 따라
어린 양 나도 끝없이 가고파라 흰 눈길

다방에서

지친 죽지들이 쉬어가는 보금자리
이마를 마주 대고 소곤대는 풍토에서
어딘지 한줌 인정을 맛볼 듯도 하건만

오늘도 아쉬움에 부질없이 찾는 다방
잔 위에 서리는 김 인정인 양 다사로와
또 하나 다른 하늘로 날아보는 내 마음

추억

옛날 그 추억을 홀로 지니고 있는 이 산
접동새 울음 따라 울고저운 가슴 안고
오늘도 여기 올라서 하루해를 보내오

그때 우리 서로 훗날 굳게 맹세하며
간조롬[11] 바위 위에 새겨 놓은 둘의 이름
이끼 속 흐렸을망정 반기는 듯하건만

추억은 가지가지 어제런 듯 새로우나
내 가슴 우벼들어[12] 슬픈 씨만 뿌려두고
지금엔 떠난 곳조차 알 수 없는 그대여

---

11) '가지런히'를 뜻하는 듯.
12) '후벼들어'의 지역어.

춘소(春宵) (1)

1
그리운 임이신 듯
보슬비 내리는 밤

무엔지 지향 없는
마음을 달래면서

새도록
개구리 울음에
잠을 홀로 드친다

2
아아 봄밤은 홀로
나만 이리 겨웁는가

잠 못 이루는 창가에
더구나 비는 내리고

어딘지
가꿆은 마음
뜰에 내려 거닌다

3
어깨랑 머리 위에
흐느껴 우는 빗발

그 옛날 추억인 양
속 깊이 스며들고

차단한
촉감에 절로
미어지는 이 가슴13)

---

13) 춘소(春宵): 봄밤.

춘소(春宵) (2)

1
지팡이 가는 대로
이 몸을 맡겨두고

흐릿한 저 달 따라
끝도 없이 가곺은 밤

점점이 피를 뿜으며
귀촉도도 울어라

2
뺨 위를 간질이는
향미로운 꽃바람

숨막힐 듯 목메이는
그리움 오 그리움

봄밤은 나만 호올로
마음 이리 겨웁소

조춘부(早春賦)

임의 치맛자락 스치고 간 자욱마다
봄이 어느덧 소오복히 돋아났소
돌돌돌 개울에 물도 노래하며 흐르고

창밖엔 보슬비가 도란도란 속삭이고
얼음 풀린 논뚝 경칩은 울음 울고
시냇가 버들개지도 토실토실 커가고

마루에 졸고 있는 고양이 따수한 등
가늘은 털끝마다 햇볕은 춤을 추고
뽕뽕뽕 병아리 떼는 봄을 코옥콕 쫓는다

쑥국 달래장이 고기도곤 맛있어라
밥상 가득히 떠도느니 봄의 향기
봄맞이 창자 속까지 스며스며 드누나[14]

---

14) 『푸르가토리오』에 아래와 같이 실렸다. "노오란 금잔디 다사로운 언덕 위에/봄이 어느덧 소오복히 돋아났소/돌돌돌 개울에/물도 노래하여 흐르고

//창 밖에 보슬비가 소곤소곤 속삭이고/구구구 구구구 경칩은 울음 울고/시냇가 버들개지는 토실토실 커간다//마루에 낮잠 자는 고양이의 등어리에/하늘하늘 하늘 봄볕은 춤을 추고/**뿡뿡뿡** 병아리 떼는 봄을 코옥콕 쫓는다//쏙쏙 달래장이 고기도곤 맛이 좋아/밥상 가득히 떠도나니 봄의 향기/봄맛이 창자 속까지 스며스며 드누나"『푸르가토리오』3집, 동래중학교학예부, 1950.

낙조

1
한 아람 장미런가
붉게 타는 저녁노을

저 하늘 고개 너머
별들이 소곤대는

오늘도 그리운 얼굴
바라보는 내 마음

2
서쪽 창을 열면
손짓하는 저 하늘에

펼쳐진 저녁노을이
색지마냥 곱다랗고

점점이 모안(暮雁) 몇 마리
그림인 양 참해라

츈산등쳑(春山登陟)

엉성한 바위서리 다람쥐는 드나들고
사슴도 물 마신다 귀촉도 우는 골짝
호젓한 산길로 그는 봄을 따라 오른다

가다가 진달래를 한아람 꺾어도 보고
홀로 외롬에 겨워 휘파람 날려도 보고
산 고개 그 술집에서 막걸리나 마시랴

그 고개 외딴 주막 손이란 하나 없고
양지쪽 마루 끝에 상 하나 차려 놓고
다양한 봄볕에 앉아 할머니는 조운다

하얀 머리털이 바람결에 흩날려도
봄볕은 희롱하듯 눈섶15) 위에 내려오고
그 옆에 괭이 한 마리 잠이 또한 깊으다

---

15) 눈썹.

석굴암 관음상

나란히 마주 서면 마음 환히 트여올 듯
숨결 고웁게 다소곳 섰는 몸매
아득히 임의 그 모습 눈에 삼삼 어리네

금세 바람결에 여울지는 옷자락 속
만지면 피가 돌아 더운 살냄16) 풍기는 듯
향그런 꽃잎이런가 벙긋이는 그 입술

---

16) 살냄새.

감꽃 필 무렵

감꽃 꿰미 꿰어 목에 걸고 즐기던 날
까마득 그 시절이 눈에 애젓 못 잊혀라
되돌아 옛길에 서서 불러보는 그리움

전적(戰跡)

마구 울음이 터질 듯 잔뜩 찌프린 날씨
오늘도 젯트기 폭음만 귀청을 간질이고
전쟁이 밟고 간 자국 구멍 뚫린 저 하늘

풍란

아예
더러운 흙과는
인연이 멀다

차라리
향나무 썩은 등걸에
다리 움치고17) 도사려도

청풍과
뜻을 나누며
담담하게 살련다

---

17) 움츠리고.

무궁화

차라리 작열하는
뜨거운 태양을 닮아

진한 빛깔로 한번
타는 듯 활짝 피어나 보렴

우리네 모습들 마냥
진정 슬픈 꽃이여

불을 뿜고 죽어라

1
울어도 울어도 풀 길 없는
가슴을 부여안고

밤낮을 헤이잖고
산으로 들로 쏘대는 이 몸

분함에 터지려는 마음 아
터지려는 이 마음

2
하늘을 우러러니
별은 이 밤도 다정한데

묵묵히 돌아앉아
흐느끼는 너 내 강산아

차라리 불을 뿜어라 아
불을 뿜고 죽어라

3
짓밟혀 살기보다는
차라리 죽어야 옳았다

죽어서 죽어서라도
이 설움을 잊어야지

이대론 진정 못 살겠구나 아
못 살겠구나

소꼽질

담장 밑 양지받이 다박머리 두셋 아이
소꼽질 살림살이 오손도손 정다워라
길 가다 발을 멈추고 나도 함께 즐길가

깨어진 사금파리 오리도리 다듬어서
솥은 여기 걸고 장독대는 저기 놓고
그 살림 잘도 차렸네 부러워라 부러워

쑥이랑 냉이랑 캐어 밥 짓고 국 끓이고
이웃이 서로 갈라 정다웁게 먹는 인정
우리도 이 마음 배워 한집 같이 지내세

흙밥에 냉잇국을 돌반 위에 차려 놓고
길 가는 나를 보고 먹고 가라 권는고야
우리네 구수한 인정 여긴 아직 남았네

귀향시초

모처럼 찾은 고향 성글은 양 반갑고야
만나는 사람마다 손길이 다사롭고
원효대 감돌던 구름도 이제런 듯 떠 있다

시냇가 모래톱에 발가숭이 어린애들
그날 그 모습들 여기 앉아 보는구나
마음속 비인 자리를 너로 하여 찾느니

내외가 무엇인고 부질없이 스치던 일
주름진 얼굴 위에 아슴한 듯 수집어라
은근히 반기는 눈짓 도로 눈물겨웁다

애틋한 마음들이 서로 얽혀 살았어라
뽕밭이 바다라도 아직도 남은 인정
어쩌다 나는 이 속에 톨로 흘러갔던가

저들 핏대 속에 소용치는 한 핏줄기

오늘 내 속에도 갈라 받아 있으련만
이제사 나는 나대로 이방 사람 같고녀

누구서 닥칠 일을 미리 알아차리려냐
시달려 지친 죽지 접어 쉴 곳 없건마는
그의 품 고운 요람에 다시 안겨보노라

버리고 떠날 것가 이 산수 이 인정을
할퀴고 물어뜯는 현실 이리 각박해도
따수히[18] 내 고향만은 나를 안아 주거니

---

18) 따뜻하게.

독백
— 교사의 노래

내 이 백묵으로 무엇을 또 쓰려는가
참을 갈구하는 저 순진한 눈들 앞에
오늘도 멍하니 서서 망설이고 말았다

한 점 티도 없는 깨끗한 저들 마음속에
또 하나 커다랗게 거짓을 뿌려 주고
창 너머 파란 하늘만 바라보는 내 마음

금정산성

금정산 가을날을 산성 위에 올라보니
가신 임 마음 마냥 붉게 타는 단풍잎들
온 산이 불꽃에 탄다 내 마음도 따라 탄다

흩어진 성돌 위에 지친 몸을 누웠어라
어디서 들리는 듯 진군의 나팔 소리
메마른 내 팔뚝에도 힘이 불끈 솟는다

성 위 장대(將臺)에 올라 하늘 바라 소리치니
옛날 할배님들 그 용자(勇姿) 보이는 듯
나두야 오늘 하루를 그들처럼 살으리

이 성 쌓으신 임들 그 뜻 진정 장할시구
오늘도 바다 건넌 도적 또한 엿보느니
우리도 임들 본받아 이 땅 굳게 지키세

청산송(青山頌)

청산과 마주 앉으면 마음 하냥 착해만 지네
나도 저 산처럼 명상을 엮으면서
차라리 남은 삶을랑 구김 없이 살으리라

동쪽 울타리 아래 국화 심어 술을 빚고
유연히 남산을 바라보던 연명[19]처럼
오히려 그 뜻을 이어 담담하게 살으리라

---

19) 도연명.

슬픈 족속

1
할배들이 가시던 길
아배들이 가시던 길

우리 또한 그 길로
가야만 할 슬픈 족속

미칠 듯 진정 미칠 듯
바숴지는 가슴이여

2
저마다 마음속엔
날난 손톱을 가꾸면서

겉으론 착한 체
꾸며 사는 상판대기

어울려 살아얄 운명이
내 더욱이 섧구나

모일(暮日)을 등지고
— 병자회일음(丙子晦日吟)

1
석양을 등지고 서니
나보다도 큰 그림자

너는 그렇게 크고
나는 이리 초라하고

올해도 마저 저무네
돌아서는 서글픔

2
나보다 큰 그림자를
다리고 서 있는 이 몸

네가 나인지
내가 진정 나인지

망연히 바라다보고
이 해 또한 저물고

만가(輓歌)
― 동창 전용범(錢容範)[20] 군 영전에

망월대 보금자리 배우던 그 옛날이
어젠 듯 머릿속에 삼삼이 떠돌건만
꿈인 양 그대는 가고 우리만 이리 울고 있다

칠팔십 더도 살아 일만 흠뻑 하고 가도
다 함께 슬퍼함이 우리 인간의 상정인데
지천명 지나자마자 그대 벌써 가다니

옛날 우리 함께 뒹굴던 이 산 속에
오늘 그대 홀로 묻힐 줄 알았으랴
내리는 비를 우리들 눈물인 양 압소서

압으론 우리 동창 봄가을 모임에서
다시는 그대 모습 볼 수 없게 되었구나
한 사람 또 한 사람씩 줄어가는 슬픔이여

---
20) 본적 경북 문경군 문경면 상리 375번지.

춘우음(春雨吟)

창밖에 함초롬히 봄비가 내리는 밤
오실 이 없건마는 누군지 기달려서
실없이 그 몇 번이고 창만 열어보노라

창 열고 내다보니 달빛마저 희미한데
보이지 않는 비가 도란도란 속삭인다
올해도 우리 삼천리 풍년이나 듭소서

뜰 아래 내려서서 그 비를 맞아본다
촉촉이 옷 젖음도 모두 잊고 섰느라니
불현듯 내 몸에서도 새 움 틀 것 같아라

츈일(春日)

파아란 보리밭 머리 군데군데 장다리꽃
봄바람 귀여운 듯 어루만져 스쳐가고
종달새 자장노래에 눈이 절로 감기네

언덕 위 잔디밭엔 봄도 하마 깊었는데
저 피리 누가 부나 마디마디 꺾는 가락
오늘도 버들개진 양 흔들리는 마음이여

머얼리 바라보니 가물가물 조으는 산
담묵21)한 붓으로 그린 듯 아담하고
그 앞을 흐르는 시내 더더구나 고와라

---

21) 담묵(淡墨).

츈원(春怨)

이 봄에 오마던 임
봄 다 가도 안 오시네
임 손수 심은 나무엔
송이송이 꽃이 피고
쌍쌍이 저 제비들도
다시 돌아왔건만

오늘도 산에 올라
나물을랑 뜯다 말고
이 심사 풀 길 없어
호들기만 부느라니
저 하늘 떠도는 구름
네나 이 맘을 아련가

잠을 부르건만
잠조차 아니 오고
개구리 울음소리

이 밤 또한 새우느니
바시락 소리만 나도
가슴 덜렁하고나

추일한정(秋日閑情)

감이 익는 마을은
가을도 봄처럼 따수한데
초가지붕마다
활활 타는 빨간 고추
논뚝에 허수아비만
한가로이 조을고

사친애곡(思親哀曲)

1
세월은 흘러 흘러 가을 벌써 깊었는데
가신 임 어이하여 돌오실 줄 모르신고
끝없이 그리운 마음 진정할 길 없소이다

가시면 못 오실 줄 내 또한 알건마는
때때로 나는 생각 하마 임이 돌오실 듯
손꼽아 기다린 적이 몇 번이나 되오리오

사랑(舍廊)에 들 때마다 임이 거기 계오신 듯
문 열고 들어가다 몇 번이나 울었던고
황천이 그 어드메뇨 가서 뵈고 싶소이다

육십 년 임의 풍상 돌아보면 고생뿐을
그 풍상 그 고생도 자식 위한 사랑이라
그 사랑 깨닫자마자 임은 벌써 없고녀

지난 일 생각하니 생각수록 서러워라

우리 임 나로 하여 속 얼마나 태우셨노
알뜰히 불효한 아이 뉘우친 줄 압소서
　　　　　　　　　　— 1933. 아버지를 여의고

2
한 분만 여의어도 설워설워 울겠거늘
하물며 두 어버이 모두 여읜 설움이야
남 불러 고애자(孤哀子)라니 더욱 원통하오이다

아버지 여읜 설움 눈물도 채 안 말라서
오호 울 어머니 이리 속히 여읠 줄야
꿈에나 생각했으랴 진정 꿈만 같사외다

안마당 들어설 제 절로 나온 엄마 소리
무심히 불렀건만 불러 놓곤 눈물이라
호뚤치[22] 나는 생각에 설움 거듭 하오이다

몸 양자 가오실 젠 생각은 왜 두셨던고
몸 정녕 못 오시면 생각마저 가져 가소
때때로 나는 생각에 눈물겨워 지더이다
　　　　　　　　　　— 1936. 어머니를 마저 여의고

---

[22] '떨치지 못하게'라는 뜻인 듯.

을 애기 만장(輓章)

아가 어디 갔나 어디 가고 못 오는가
나서 한 해 남짓 고것 살러 왔더랬나
어버이 속 이리 탈 줄 너도 응당 알련만

그렇게 수이 갈 걸 오긴 왜 왔더랫나
이왕 왔거들랑 오래오래 눌러 살다
갖은 복 다 누리다가 돌아간들 어떠리

남들은 딸애기라 슬퍼 말라 위로컨만
어버이 설운 마음 아들딸이 다를 건가
딸이라 아들이라 함도 오직 생전뿐인 걸

걸음마 아장아장 보고파라 우리 아기
예쁜 고 얼굴은 내 눈앞에 애젓한데
아가야 넌 어디가고 다시 올 줄 모르나
— 1945. 단명한 나의 아기 '유리애'를 위하여

오월의 노래

오월은 겨웁구나 하늘 더욱 높푸르고
찔레꽃 향기만 물결처럼 밀려들고
어디서 귀촉도 울음 설레이는 이 마음

눈부신 햇볕 아래 무성껏 푸른 숲들
쭈욱 쭉 벋어 오른 가지마다 춤을 추고
한아람 임의 은총에 나도 안겨보노라

제(題) 무상(無常)
— 노산의 『무상』을 읽고

가신다 설워마오 영 가지는 않았어라
그대 그 거룩한 뜻 이루어져 빛나느니
백세라 또 천세 후라도 이름만은 남으리라

몸 이미 갔을진대 이름 남아 무엇하리
무상 인생이 헤아리매 허거품을
갔노라 남았노라를 일러 무엇 하리오

낙엽 (2)

봄날엔 꽃 피우고 여름 한철 녹음 지워
그 청춘 그 정열을 칠칠하게 살았구나
멋지게 생을 마치고 고이 지는 넋이여

오늘도 창 너머로 지는 잎을 바라본다
살아서 보람 없는 몸 죽어서나 보람 있자
도사려 옷깃 여미고 다짐하는 내 마음

진달래꽃

가신지 이미 십 년 해마다 봄은 오고
무덤 앞 상석 위엔 이끼 벌써 푸르르고
한아름 진달래꽃이 임 넋인 양 피었소

벽

1
또 하나 숨 막히게
가로막은 벽이 있다

할배들도
아배들도
여기 가쳐[23] 지쳤거늘

어쩌랴
우리들마저
또 막으려 하느니

2
누구를 가두려나
누구를 또 묶으려나

---

[23] 갇혀.

죽음보다 더 설운
이 치욕
이 분함을

뉘게 또
물려주려고
저 짓들을 하는고

3
부수어 버려야지
이대론 못 살겠다

번문욕례(繁文縟禮)
사대모화(事大慕華)
욕된 삶에 지친 후예

진실로
앞 가신 임들
흘린 피가 아깝다

영원한 별
— 4·19. 희생학도위령제에 부쳐

1
그날 천지를 덮던
피보다도 진한 분노

너희들 젊은 넋이
꽃잎처럼 지던 날에

나 홀로 내 또한
묘지를 파며 가슴을 치며
목을 놓고 울었다.

2
성난 물결처럼
출렁이는 대열 속에

하늘도 갈라져라
울부짖던 너희 모습

오늘도
살아 있구나 저
젊은이들 눈 속에

3
너희들 주검 위에
나라는 다시 섰고

너희들 지킴 아래
겨레는 살았거니

영원히
빛으로 살자
온 겨레의 별이여

염원

1
어디를 둘러봐도 오직 삭막한 산하
누구를 만나 봐도 차디찬 눈길인데
이 속에 나도 끼어서 살아야만 하는가

2
부둥켜 얼싸 안고 몸도 마음도 녹아
살과 살이 닿아 열화처럼 활활 타는
사랑이 진정 사랑이 그립기만 하구나

차운(次韻) 하보(何步) 님 「산거(山居)」 시

산가에 봄이 들어 뜰에 앉아 쑥을 캐오
가리도 곁에 놓고 꽃종도 뿌려 두고
이렇게 늙은 맛으로 나는 산다 하지요
      — 하보[24] 시화전에서

나도 가 살고 싶소 뜰에 앉아 쑥 캐는 집
진정 그런 곳엔 인정 또한 고우리니
오늘도 다 떨쳐 버리고 나도 가서 살고 싶소
      — 1956. 4. 어(於) 동래 아폴로 다방

---

[24] 하보 장응두 시인.

꽃밭
— 초정(草汀)[25] 형 작품전에 부쳐

가꾸고 닦은 보람 아기자기 꽃밭일레
청자 항아린 양 소복하니 담긴 정을
아쉬운 마음들 끼리 나눠 보는 향수여
— 1961. 8. 어(於) 청우(靑牛) 다방

---

25) 초정 김상옥 시인.

낙엽 (3)

1
온통 불밭이다
마지막 뿜는 정열

그토록 겨운 몸짓
애타 울다 너는 가고

나 홀로
되새겨 본다
메아리는 향수여

2
진정 봄이었다
가슴마다 피던 청춘

진달래 붉게 타고
귀촉도 설게[26] 울고

한평생
그리울 줄도
그땐 미처 모르고

3
언제 다 보냈던가
그 청춘 그 정열을

우리 오늘 다시
주름진 얼굴하고

만나자
또 헤지는가
휘날리는 잎새여

---

26) 쉽게.

들국화

1
숱한 비바람에
씻기고 바랜 마음

오늘 여기
난만히
성신(星辰)처럼 피었어라

가슴속
창공을 안고
다스려온 보람일레

2
별이 날아 앉았다
도랑가
언덕 위에

한밤을 드새우며
초롱이던 눈매들이

오붓이
베풀어 놓은
소담스런 잔치여

망부석

1
숱한 세월 두고
못내 겨운 바람인데

지켜온 가슴 깊이
다사로운 임의 체온

염원은 파란 이끼로
새로 돋아 나는가

2
오늘도 기다림에
발돋움 하는 마음

그대 자욱 따라
다스려 온 몸부림을

아득히 바라는 저기
오 마리아 릴케여

3
파란 하늘처럼
가까운 듯 머언 거리

한사코 따르다가
내가 죽을 뮤즈여

이토록 바람(希望)에 지쳐
죽어가는 망부석

노목(老木)

1
네 그 헐벗은 몸
창천(蒼天) 아래 아리어도

어딘지 혈관 깊이
스멀대는 아지랭이

낙낙(落落)히
창공 우러러
기도하는 자세여

2
내 또 오늘 여기
네 옆에 와 다시 선다

못 다한 푸른 꿈은
가슴 깊이 묻어두고

늙음도 멋으로 살자
출렁이는 이 가슴

3
산새도 날아와서
옛 이야기 꽃피워라

남쪽 벋은 가지
뉘도 몰래 간직한 봄

한 자락 서녘 하늘엔
놀이 또한 고와라

영마루에 올라

1
그날
그 청춘을
여기 앉아 불러본다

가슴을 밟고 가는
낙엽 소리
내 소리

돌돌돌
추억을 싣고
울어 예는 물소리

2
머언 그 옛날이
이리도 타까운가

휘파람 불며 불며
넘나들던 이 고개에

낙엽만
옛 이야기인 양
차곡차곡 쌓인다

3
눈을 감아본다
영 넘어 부는 바람

청조(靑鳥) 양 날아오라
내 가슴
타는 잎새

청춘을
마구 태우며
태양 너도 가는가

맹아롱(盲啞聾)

1
오히려 바위가 되어
말없이 살으리라

아프고 설운 사연
속 깊이 다스리며

모른 체 귀마저 막고
바보처럼 살으리라

2
서러운 강산이기에
등지고 살으리라

눈감고 귀도 막고
듣도 보도 못할 바엔

차라리 입마저 닫고
벙어리로 살으리라

무덤에서

1
금잔디 포근한 이불
햇솜처럼 둘러 쓰고

슬픔도 근심도 없이
오붓하니 잠든 무덤

어디서
도순거리는
애기마저 들려라

2
무덤은 그 어느 곳
아늑히 꾸민 마을

차라리 요람인 양
그 품이 다사로와

아쉬운
마음을 안고
내가 여기 안긴다

3
머언 하늘 끝 아물아물 옛 이야기
아아라이 들려오는 내 어머님 자장가에
소로로 조름 겨워라 다사로운 가슴아

고총(古塚)에서

1
두견도 울다 지쳐 오히려
잠든 산곡
뿜은 피 방울방울
진달래로 불타는데

그 뉘도
찾을 이 없이
홀로 누운 무덤 하나

2
살아선 한때 영화를
누려도 보았으리
욕된 그 삶이
스며 아리는 비석 앞에

그날을

뉘우치는가
고개 숙인 할미꽃

3
항시 통곡을 삼키다
사위어질 아픈 연륜
남루히 묻힐망정
금수(錦繡)로 살으리라

청청한
송백 더불어
다짐하는 내 마음

즐거운 한때
— 노변게음(爐邊偈吟)

1
창밖엔 삭풍
문풍지만 흔드는데

훈훈히 둘러앉은
오손도손 화로 하나

삶이야
고될지언정
다사로운 인정아

2
손자ㅅ놈 졸라대는
구수한 옛 이야기

늙은 아내마저

덩달아 좋아하고

모두가
애뛴 동심에
젖어보는 한때여

3
태곳적 얘기 속엔
호랑이도 벗인 것을

짐승도 사람도 함께
얼려 살 복된 날이

언젠간
찾아오리라
믿어보는 내 마음

영지(影池)

1
간절한
저 몸부림
출렁이는 그리메못

목마른 기다림에
지쳐 스러진
넋이 운다

아득히
서라벌 천 년
또 천 년이 지났는데

2
아사녀
애달픈 사연
방울방울 고인 눈물

층층이 솟은 탑에
아로새긴
못다한 염원

윤회의
그날을 믿어
돌부처가 되었나

3
달랠 길 없는
아쉬움
육신 이미 가시어도

넋은
항시 남아
결리도록 아픈 호곡

하늘 끝
메아리 되어
내 가슴을 치고 가네

불국사 다보탑

1
왕관도 황홀하게
의젓하신 임의 모습

흰 구름 둥 둥 둥
흘러가는 하늘 끝

한 마리
백학이런가
깃을 펴고 나른다

2
칠보 고운 단장
주름 주름 스미는 정

가까이 다가서면
숨결마저 다사론데

창창히
전설을 안고
임은 웃고 계시다

촉규(蜀葵)

기달림 못내 아려
발도둠[27] 서성이다

고개 길게 뽑고
먼 길 바라 지친 모습

층층이 등불 밝히고
빌어보는 초파일

---

27) 발돋움.

저녁노을

천녀(天女)가 입다 버린
황홀한 의상일레

서녘 능선 위에
활활 타는 저녁노을

내 가슴
열어 제친 사이로
스며드는 다사로움

거목(巨木)
— 족서(族壻) 조일호(趙日浩) 군 회갑연에 부쳐

1
여기 정정히 솟은
한 그루 거목 있어

육십 풍상을
가꾸고 쌓은 보람,

드높이 성좌로 벋어
찬연하게 빛나도다

2
아홉 개 굵은 가지
그 가지에 다시 가지

무성한 가지마다
꽃 피고 열매 맺어

창창히 억천만세를
영원무궁 누리소서

3
아들 딸 며늘 사위
친손 외손 다 모여서

춤추고 노래하니
뜨락 가득 꽃밭일레

신선이 따로 있으랴,
그대 진정 신선일세

부활
— 백목련에 부쳐

1
멍든 이 가슴에
슬픈 씨만 뿌려 놓고

열아홉 그 청춘을
꽃상여로 가신 님이

저렇게 되살아났나
가지마다 웃는 꽃

2
순정을 간직한 채
떠나가신 임이기에

그 슬픈 구천(九泉)에서도
오히려 곱게 가꾼 마음

황홀한 꽃으로 피어
내 앞에 와 섰는가

3
그 옛날 못 다한 사연
풀어내어 호소하듯

가만히 귀 기우리면
도란도란 속삭임 소리

화사한 눈매를 하고
반겨 맞는 마음아

실솔한(蟋蟀恨)
— 가버린 정녀(丁女)에게

1
차라리 굳어져서
화석이 될지라도

진정 못 참겠소
그리움에 지친 마음

추야장(秋夜長) 귀똘이 되어
울어 새고 싶은 밤

2
너는 가고 나만 홀로
이 한밤을 드새는가

마지막 내 가슴속
불만 활활 질러 놓고

새벽달 새침한 눈매
귀똘이만 울어라

3
먼 훗날 그 어디서
우리 다시 만날런가

아쉬움 달래면서
믿어 보는 염원인데

내 마음 텅 빈 골짜기
울어 예는 물소리

다방에서
— 고(故) 우제(于齊) 형을 생각하고

1
황천 그곳에는
다방도 없을 텐데

너는 지금 어디
누구 함께 지내는가

나 홀로 찻잔을 들고
씹어 보는 네 생각

2
가슴속 서린 애환
익살로써 다스리며

수유(須臾) 일생을
웃음으로 살자더니,

우제아 넌 어디로 가고

이 자리에 없는가

3
네가 간 후 나는 홀로
둥지 잃은 새 한 마리

널따란 세상이요
허구 많은 사람인데

내 마음 자리할 곳은
아무데도 없구나

4
다방 구석자리
멍하니 홀로 앉아

차 한 잔 앞에 놓고
달래보는 고독이여

모두들 저만 잘난 체
떠들고들 있는데
— 1976. 2. 15. 공원다실에서

내장산 탐승

1
청려장 앞세우고
찾아드는 내장 선경

만산홍엽이
때마침 꽃밭인데,

청풍이 옷깃을 잡고
어서 옵쇼 반기네

2
이 선경 여기 두고
못 찾은 지 몇 해런가

세파에 시달려서
구겨지고 더럽힌 몸

이제야 벗어제치고
활활 씻어보리라
　　　　　― 1975. 10. 26. 내장산에서

나목

1
아침 산책길에
나목과 함께 서다.

파르르 떠는 가지
가지마다 서린 입김

어디서 움트는 소리
들릴 것만 같아라

2
봄을 잉태하고
진통하는 아픔인데

핏대 속 흘러 도는
새 생명의 스멀거림

가지 위 까치도 앉아
둥우리를 짓고 있네

제2부

『계륵집』에 실리지 않은 시

하추잡음(夏秋雜吟)

지새는 달그림자
숩 사이로 사라지고
농부(農夫)의 노래소리
논밧테서 써오르니
산촌(山村)에서 녀름 아츰
안개 속에 조으더라

아츰해 마지하며
무궁화 피엿세라
자지ㅅ빛 그 얼골에
우슴은 쒸엇건만
지난날 설은 생각에
눈물겨워 하노라

강(江)가엔 보슬비요
중천(中天)에는 제비로다
밥짓는 저녁 연기(煙氣)

산(山)허리를 물들이니
황혼(黃昏)의 검은 장막(帳幕)은
그림같이 보히더라

초가을 밝은 저 달
대지(大地) 우에 입 맞추고
뜰 압헤 오동(梧桐) 그늘
창(窓)에 빗처 춤을 추니
나그네 설은 가을
다시 온가 하노라

쌔앗긴 이 쌍에도
제 살곳이 잇나 하고
강남(江南)서 차저왓던 정(情)이 깁흔 저 제비를
아츰 저녁 서늘바람에
고향(故鄕) 그려 하노라[1]

---

[1] 『조선일보』, 1927. 9. 15. '학생문예'. 같은 날 동기생 포백 김대봉도 시 『추석(秋夕) 달』을 실었다.

가을밤

가을밤 버레소리
마듸마다 처량(凄凉)커늘
기럭은 엇지하야
저다지도 슯이우노
나그네 고향(故鄕) 생각에
잠 못 일워 하노라[2]

---

2) 『조선일보』, 1927. 10. 28. '학생문예'.

죽음

쓸 우에 썰어진 썩갈닙 주어
살풋이 낫에다 대여 보앗더니
사늘한 생각이 멀리로부터
죽엄을 스을고 차저옵니다[3]

---

3) 『조선일보』, 1927. 11. 18. '학생문예'.

비밀

가슴 속 깁히깁히 감춰 둔 비밀
꿈실에 매여서 보내들이니
행(幸)여나 님이시여 그 꿈실 잡아
가슴 속 가득히 안어 주소서4)

---

4) 『조선일보』, 1927. 11. 18.

눈물이라도

눈물이라도
그이가 그러워서 솟는 것이니
스치지 말쎠나
행(幸)여나 그이가 차저 나와도
피지 안해서
한(恨) 만흔 아저씨
오시지 안네5)

---

5) 『조선일보』, 1927. 11. 18. '학생문예'. 제이고보생 이찬의 「나의 생」도 같은 난에 실렸다.

봉래유가(蓬萊遊歌)

망월대(望月臺)

장산(莨山)에 모롱이에 달 쩌오르네
망월대(望月臺) 우으로 달 구경 가세
녯날의 사람들 이 대(臺)에 올너
달 구경햇다고 망월대(望月臺)라네
지금의 사람은 웨 안 올으나
우리도 깃부게 올너가 보세

금정산(金井山)

진달냇곳 피고 벅국새 울면
동래(東萊)에도 금정산(金井山)은 선경(仙境)과 갓네
맑은 물이 흘으고 바위가 잇서
세상(世上)이 칭찬(稱讚)하여 금강(金剛)이라 하나
곳곳이 얼크러진 녯날의 성(城)터는
마음 잇는 사람의 가슴만 태우네

동래성(東萊城)

문허진 녯 성(城)터 동래(東萊)의 성(城)터
이곳엔 얼마나 만은 충혼(忠魂)이
무지한 칼날과 독(毒)한 화살에
참혹히 피 흘리고 뭇치었는지
늙은 나무와 흐터진 돌에나
녯날의 일을 물어서 볼까

정과정(鄭瓜亭)

정과정(鄭瓜亭) 밝은 물에 낙시질하고
풍덩실 몸을 던저 회음치니
이 몸이 고인(古人)들은 못 보앗지만
그들도 나와가티 놀앗섯겟지
동무여! 조희와 붓 가저 오너라
신선(神仙)의 놀래 한 귀 읇어나 보자

온천(溫泉)

무궁화 삼천리(三千里) 좁지 안흔 벌에
동래(東萊)야 온천(溫泉)만치 고은 곳 잇스랴

멀고 먼 녯날에 백로(白鷺)가 날러와
목욕(沐浴)하엿다는 전설(傳說)을 가젓고
뒤에는 금정산(金井山) 앞에는 범어수(梵魚水)
경치(景致)야말로 밝게 참으로 고읍네

  범어사(梵魚寺)

노송(老松)은 울울창창(鬱鬱蒼蒼) 한울 가리고
물소리 쾅쾅졸졸 장단 맞추네
범성(梵聲)은 목어성(木魚聲)에 섞이여 나고
아츰 밤 종(鐘)소리는 산(山)을 울니네
가을 와서 단풍(丹楓)이 산(山)을 수노면
극락(極樂)이 이곳인가 의심(疑心)이 드네

  해운대(海雲臺)

녯 선생(先生) 이곳에서 놀랏섯다고
세인(世人)이 일름 지어 해운대(海雲臺)라네
엄숙(嚴肅)한 장산(萇山)과 춤추는 물결은
세속(世俗)의 티끌을 씌치어 주네
경치(景致)는 오날에도 녯과 가트나
녯 피엿든 꼿만은 찾즐 수 업네[6)]

6) 『조선일보』, 1928. 2. 7.

새벽이여

밤은 캄캄한
어두운 거리로
비틀거리며 갈길 모르는
수(數)만흔 그림자를 나는 보노라

밤은 무섭게
바람부는 거리로
썰면서 신음(呻吟)하는
가련(可憐)한 그림자를 나는 보노라

한울엔 반작이든
별빗조차 빗최이지 안는 이 쌍에
쉬힐 줄 모르며
굼틀거리는 그림자를 나는 보노라

쓸쓸한 밤거리에서
눈물 흘리며 비틀거름 치는 모든 무리여!

오허! 어듸로 가랴나
가도가도 암흑(暗黑)쑨인 이 쌍 우에서

새벽이여! 오소서!
갈 바 모르는 저들을 위(爲)하여……
광명(光明)을 싀을고 속히 오소서[7]

---

[7] 조순규(趙純叫)로 발표. 『조선일보』, 1928. 10. 5.

발자국

압삼이8)들의 남기고 간 자국이
이 쌍 우에 얼마나 삭혀 잇스랴
내가 가만히 눈을 감고
나의 나아갈 길을 생각하노라면
그들의 남긴 발자국은
암흑(暗黑)에서 광명(光明)으로 광명(光明)으로
내 몸을 인도해 주네!
벗들이여! 그대들도
그 자국을 쌀흐지 안흐랴나9)

---

8) 앞삶이. 곧 앞서 살다 간 이.
9) 조순규(趙純叫)로 발표. 『조선일보』, 1928. 10. 6.

별

풀은 하늘 밤하늘 반작이는 별
너희 몸은 어듸다 숨겨 바리고
언제 봐도 두 눈만 깜박어리나

부끄러워 네 몸을 못 내놋느냐
무서워서 네 몸을 못내 놋느냐
별아 별아 너의 몸 보고 십고나[10]

---

10) '동요'로 발표. 같은 자리에 양우정의 동요『가을』과 함께 실림. 『조선일보』, 1928. 10. 28.

가을잡영(雜咏)

제 할 일을 다 하엿다고
가을바람에 썰어저 죽는 나무닙이
내년 봄이 돌아오면은
돋아나는 새움의 거름이 된다네

가을! 푸른 하눌 흰 구름 미테서
나는 썰어지는 나무닙을 바라보며
이 몸도 그리 되기를 마음껏 비네

닙 썰어진 가지에 주룽주룽 달린 쌀간
맛치 나의 가슴에 쓸는 피빗과 갓고나!
오호! 저 감! 타는 듯이 새ㅅ밝안 저 감!
벗들이여! 나는 저 감 보고 왼종일 외치네
……그대들의 염통에도 피가 쓸느냐?

가을이 되면은 모든 것이 말러진다네!
그러나 벗들이여! 아모리 가을이라도

우리들 가슴속에 쓸는 피 야터지랴?!11)

---

11) 조순규(趙純따)로 발표, 기성 대우함. 『조선일보』, 1928. 11. 28.

님 생각

예서 님이 게신 곳 그 몇 리던고
두만강만 건너면 그곳이련만
그 님 소식 웨 이리 들을 수 업나
강남 갓든 제비도 수로로 만 리
봄이 오면 녯 집을 차저옵니다

이 나라 이 백성을 구하리라는
크나큰 뜻을 품고 써나가신 님
만주들 찬바람에 어이 지내나
새바람 싸늘하게 불기만 하면
쎼마듸 마듸마다 저려 옵니다

날마다 오는 신문 바다들고서
혹시나 우리 님이 아니 잡혓나
자세히 몇 번이나 닑어 봅니다
그러나 거긔서도 님 소식 몰라
기다려 고흔 얼골 다 늙습니다[12]

갈보청
— 머슴들의 노래

갈보청 낫구나 갈보청 낫네
우리나 동리에 갈보청 낫네
봉선이 공장에 돈벌러 가드니
지금엔 도라와 갈보질하네

봉선이 갈보청엔 그 뉘가 자나
하이칼라 구두가 문간에 찻네
고무구두 구두는 구두 아닌가
젊은 놈 간장만 웨 이리 태우나13)

---

12) '민요'로 실림. 『조선일보』, 1930. 1. 18. 조순규(趙純叫)로 발표.
13) '민요'로 실림. 『조선일보』, 1930. 1. 18. 조순규(趙純叫)로 발표.

무궁화

무궁화 반가워라 네 다시 피었구나
무서리 모진 시절 짓밟힌 지 몇 해라고
이 후란 억천 만대나 길이길이 피어라[14]

---

14) 딸 조명자가 외우고 있는 조순규의 광복기 시조.

지연(紙鳶)

하늘로 하늘로만 자꾸 오르고 싶은
하도한 꿈들을 한 아람 가슴에 안고
드높이 연이 날은다, 바라보는 소년(少年)이 있다.[15]

---

15) 『군봉』 5집, 동래고등학교 문예부, 1956.

을미제일음(乙未除日吟)

서산(西山)에 해가 진다 올해도 마저 저무는구나
조국(祖國)은 동강 난 채 아직도 찌푸린 하늘
빨갛게 피를 뿜으며 지는 해가 슬프다.

— 1955.16)

---

16)『군봉』5집, 동래고등학교 문예부, 1956.

춘야낙셩한젹(春夜洛城聞笛)

이백

뉘 집에서 부나요
저 피리 소리
봄바람에 불려서
들려 오누나!
이 밤에 저 곡조가
이별곡이니
애달프다 고향 생각
잠 못 이룰세

    誰家玉笛暗飛聲
    散入春風滿洛城
    此夜曲中聞折柳
    何人不起故園情

츈규(春閨)

장중소(張仲素)

한들한들 성가엔
실버들 가지
파름파름 언덕 위엔
뽕나무 속잎
뽕잎 따다 손 멈추고
섰는 아가씨
지난 밤 꿈 속에선
임 보았건만

裊裊城邊柳
靑春陌上桑
提籠忘採葉
昨夜夢漁陽

자야춘가(子夜春歌)

곽진(郭振)

언덕 위에 실버들
느러진 가지
봄바람에 한들한들
춤을 추누나!
애끊나니 풀 길 없는
이 내 심사여
그대 소식 왜 이리
들을 수 없나?

陌頭楊柳枝
已被春風吹
妾心正斷絶
君懷那得知[17]

---

17) 「춘정」이라는 큰 제목 아래 '역시삼제(譯詩三題)'라 붙여 한시 번역시 세 편을 실었다. 『군봉』 8호, 동래고등학교 문예반, 1959.

제3부

평론

시조 형식에 대한 소고
내가 수집한 「영남 이앙가(移秧歌)」 소고(小考)
우리 고전문학에서 찾을 수 있는 멋

시조 형식에 대한 소고

어저 내 일이여 그릴 줄을 모르던가
있으라 하더면 가랴마는 제 구타여
보내고 그리는 정은 나도 몰라 하노라

삭풍은 나무 끝에 불고 명월은 눈 속에 찬데
만리 변성에 일장검(一長劍) 짚고 서서
긴 파람 큰 한 소리에 거칠 것이 없애라

여기 두 수의 시조가 있다. 한 수는 황진이의 작품이다. 우리가 이 두 수의 시조를 놓고 비교해 볼 때 내용은 말할 것도 없거니와 더구나 그 형식에 있어서 많은 차이를 발견하리라.

 가냘핀 여인의 애끓는 정서를 이렇게 노래했고 펄펄 뛰는 대장부의 호연한 기백을 이렇게 읊었다. 특히 초장을 보라. 하나는 14자 하나는 17자다. 이 얼마나 불규칙한 형식인가?

 일견 불규칙해 보이면서도 시조로서의 운율 질서에 벗어난 가락을 우리가 이곳에서 찾아낼 수 있는가? 벗어난 가락이 있기는 새로이 도로혀 이 불규칙해 보이는 형식이 얼마나 그 내용과 운율을 북돋아 주는가? "어저 내 일이여"를 소리 낮게 고요히 읊어 보라. 어딘지 모르게 가냘핀 여인의 애끓는 정서를 느낄 수 있지 않는가? 뿐만 아니라 진랑의 그 찡그린 애수 띤 얼굴과 전전불상 잠 못 이루는 모습이 그대의 눈에 서언하게 나타나리라 그러면 절재(節齋)의 시조는 어떠한가? "삭풍은 나무 끝에 불고"를 가락에 고저를 두고 한번 단숨에 읊어보라. 거센 북풍이 벌거숭이 나뭇가지를 휩쓸고 지나가는 소리가 들리지 않는가? 불어 따리는 호풍(胡風)에 계의(戎衣)자락을 펄럭이며 호기 있게 서서 멀리 황막한 북방을 노려보는 김 장군의 표표한 모습이 눈에 서언하리라.

 이것이다. 내가 말하려고 하는 시조의 형식 그것은 바

로 이런 것이다. 여기 어디 일정 불변의 형식을 주장할 수 있겠는가?

시조를 정형시라고 다들 말한다. 물론 시조는 정형시다. 그러나 시조의 자수율이 꼭 몇 자가 되어야 한다고 규정한 문헌은 없다. 고인(古人)들은 거저 흥이 나는 대로 가락에 맞추어 자유자재로 읊었을 뿐이다. 앞에 든 예로써도 본 바와 같이 작자에 따라 또 취제(取題)에 따라 그 형식에 아무런 구속도 받지 않았다는 것을 아마 그대도 짐작하였으리라.

한시처럼 그 까다로운 압운의 규정도 없으며 또 영시처럼 어떤 특정한 시어도 없다. 거저 구속을 초월하고 자유로이 읊었을 뿐이다. 자수의 신축을 안만이라도 할 수 있는 곳에 시조의 묘미가 있는 것이다. 작자의 성정(性情) 작품 내용의 여하에 따라 그 형식도 천차만별인 것이 실로 우리의 시조였다. 그러나 어디까지든지 시조적 운율 질서를 벗어남이 없었다. "불규칙이면서 그 규거(規矩)를 불유(不踰)하는 신묘한 점은 우리 예술의 세계적 자랑꺼리다."(『조선창극사』) 이것이 시조였다. 이것이 바로 우리 시조의 형식이었다.

형식을 초월하는 곳에 예술의 빛은 더욱 찬연하다. 미

를 위하여 형을 초월하는 것은 미의 권리다.

이러한 자유로운 형의 시조를 일정한 형식의 룰 속에 넣어 시조의 형태를 규정지은 이가 누구였던가.

신문학으로서의 시조를 맨 처음 창작한 분이 육당 최남선 님과 춘원 이광수 님 두 분이었으며 또 두 분은 시조의 형식을

장구	제1구	제2구
초장	7	8
중장	7	8
종장	8	7

이 표와 같이 3장 6구 45자로 규정지어셨다. 물론 이렇게 규정지은 데는 여기 상당한 근거가 있었을 것이요 또 초학도에게 알기 쉽게 하기 위한 마음에서였으리라.

두 분의 설이 모두 다 지금까지의 제설(諸說)에 비하여 한 발 진보된 설이며 현대적인 감정 표현에 그리 큰 지장이 없을 것이오, 나아가서는 시조가 창을 떠나서 현대시로서의 문학적 '장르'에 접근할 수 있다는 것을 보여주는 주요한 설이다. 뿐만 아니라 두 분이 다 같이 그 창작에서 현대시로서의 좋은 시조를 우리 시단에 많이 보여 주

었다. 가람 님은 그의 평론 「시조의 형태」에서 이렇게 말하였다.

시조도 그 용어와 취제(取題)에 따라 그 특성을 잃지 않는 한에서는 '구법(句法)', '장법(章法)', '편법(篇法)' 등을 암만이라도 변화 있게 쓸 수가 있다. 우리가 짓는 시조는 고전이 아니고 창작이요 현대시다. 변화가 없는 글은 죽은 글이다. 붓을 들 때는 창조의 신이 되어야 한다. (따옴표 필자)

이렇게 하여 그는 남의 악평을 받아가면서도 꾸준히 현대시로서의 시조 창작에 노력하고 있다. 그리하여 시조도 가람 님에 와서 비로소 그 미를 십분 발휘할 수 있게 되었다.

그러면 현대시로서의 시조의 형식은 어떠하여야 할 것인가? 현대뿐만 아니라 고대에 있어서도 시조가 한 개의 문학이었다면 그 당시의 문학정신의 요구에서 생겨진 일정한 '장르'가 있었을 것이다. 그네의 성정에 합당하고 그네의 호흡에 알맞은 형태로서의 기본형! 평시조이든 엇시조이든 사설시조이든 무엇이라도 좋다. 거기에는 반드시 어떠한 '장르'가 있었던 것만은 부인할 수 없다. 그러나 이러한 형태는 절대로 불변하는 그런 까다로운 질곡은 아니었을 것이다. 작가에 따라 취재에 따라 자유자재로 읊을 수 있는 형태였으리란 것은 두 말할 필요도 없다.

그러나 시조 외 요람은 창(唱)이었다. 시조가 창에서 발생하였던 관계로 창에 의한 다소의 구속을 받지 아니할 수는 없었을 것이다.

이것이 고시조였다. 그러나 현대시조는 아니다. 시조는 벌써 창을 떠나서 낭독으로 옮겨진 지 오래다. 창을 필요로 하는 것은 오직 고시조일 뿐이요 현대시조는 아니다. 그러므로 현대시조는 창에 의한 구속을 받을 필요가 없다. 뿐만 아니라 고인의 정서, 고인의 호흡은 고인 그들의 정서, 그들의 호흡이지, 현대인인 우리의 정서 우리의 호흡은 아닌 것이다. 그러므로 고인은 고인으로서의 정서와 호흡에 알맞은 형식이 필요할 것이며 현대인은 현대인으로서의 정서와 호흡에 알맞은 형식이 필요할 것은 여기서 더 말할 필요도 없다. 문학의 '장르'는 영원불변의 것이 아니다. 그 시대 시대의 문학정신의 요구에 의하여 자꾸 자꾸 변화하는 것이다. 그러므로 시조의 형식도 현대 시정신의 요구에 의하여 새로운 형식으로 전환되어야 할 것이며 또 그렇게 되어야만 시조도 현대시로서 행세

할 것이다.

 그럼 현대시조, 다시 말하면 앞으로 있어야 할 새로운 시조의 형식은? 한말로 말한다면 형(型)의 정복이다. 현대적 감정을 표현하는 데는 아무런 근거도 없는 형식론에 사로잡혀 자수만 맞추면 시조가 될 수 있다고 생각하는 고루한 일부 학자 및 그 소위 자칭 시조인으로 말미암아 고집되고 있는 45자식의 케케묵은 형식은 합당하지 아니한다. 현대적 감정에 알맞은 새로운 형(그것은 구경 자유율일 것이다)을 개척해야 한다. 이것이 문학정신이다. 시조가 현대시의 '장르'로서 시단(詩壇) 한 자리를 차지하려면 현대시로서의 새로운 형식, 다시 말하면 자수에 사로잡혀 그 표현 능력을 스스로 조이고 있을 아무런 까닭도 없이 오직 시조로서의 운율 질서에 벗어나지 않을 정도의 새로운 형의 개척이 무엇보다도 필요하다. 자수는 물론이요 구법, 장법에 있어서도 새로운 형식이 개척되어야 할 것이다. 현대인은 고인(古人)이 아니며 현대인의 호흡은 또한 고인의 호흡이 아닌 것이다. 그러므로 현대시로서의 시조는 어디까지든지 현대인의 호흡에 알맞고 현대인의 정서를 남김없이 담을 수 있는 새로운 형을 개척함이 필요하다.

이상 부족하나마 고시조의 형식을 고찰하고 일부 학자 및 자칭 시조인들이 고집하는 그 소위 '45자식'의 형식론을 감히 배격함과 동시에 현대시로서의 새로운 시조의 형식에 대하여 평소 나의 생각한 바를 다소 적었다고 본다.

그러나 원체 이 방면에 대한 체계적인 연구가 없었던 관계로 이런 보잘것없는 추상론이 되었다는 것을 감히 부언하여 『군봉(群蜂)』 편집자 군의 양해 있기를 바라는 바이다.

(1954. 4)[18]

---

18) 『군봉(群蜂)』 4호, 동래고등학교 문예부, 1954.

내가 수집한 「영남 이앙가(移秧歌)」소고

1. 전언(前言)

벌써 한 삼십 년 전 일이다. 내가 중학교의 학생으로 있을 때 나는 느낀 바 있어 우리 향토의 전래가요를 수집해 본 일이 있었다. 이 일에 착수하게 된 동기는 우리 문학의 귀중한 유산이라고 볼 수 있는 이들 가요가 너무나 황야에 버리어진 것이 아까웠고 더구나 급격하게 진전하는 문화교류의 영향을 받아 멀지 않은 장래에는 전래가요의 유일한 보존자인 촌부야인(村婦野人)들의 입을 통하여나마 들어볼 수 없을 날이 있지나 아니할까 하는 노파심으로써 나의 적은 힘으로나마 이것을 수집하여 후세에 남겨보겠다는 나로서는 일대 분발하에 착수하게 된 것이었다.

수집의 방법은 위선 가까운 내 지방에서 시작하여 점점 광범위로 나아갈 예정이었고 직접 민중의 입을 통하여 이것을 수집하려 하였었다. 그리하여 초하(初夏) 이앙시(移秧時)가 되면 나도 들에 나아가서 농부들과 함께 일을 하면서 이앙가를 수집했고 하야 적마시(績麻時)에는 둘레삼(共同績麻) 쌈는 곳을 찾아 다니면서 수집어 하는 촌색씨의 입을 빌어 한 수 두 수 적마가(績麻歌)를 수집한 것이었다. 그 사이 완고한 부로(父老)에게 꾸중도 많이 들었고 무지한 촌인(村人)에게 조소도 많이 들었었다.

이렇게 하여 나는 약 이 년간 가깝게는 내 지방(울산 지방)과 멀리로는 함안을 위시하여 경북 청송 전남 구례 등지까지 가서 수집한 것이 근 사백 수에 달하였다. 그리하여 이것들을 여러 가지로 분류해 두고 기회를 보아 제 일차로 발표 혹은 간행해 볼 예정이었다. 아마 그 중 동요 십여 수를 당시 육당 선생이 주재하시던 어느 잡지(『啓明』?)에 발표한 일이 있었고 또 조선일보 지상에도 적마가 몇 수를 발표한 일이 있었다고 생각되나 나는 사정으로 인하여 이것을 발표할 기회를 얻지 못했었다. 그러는 중 김소운 님 등의 방대한 저서가 속속 발간되었으므로 나는 나의 계획을 실현하지 못하고 나의 힘의 약함과 노력 부족을 자탄하면서 이 일을 그만 중지하게 되었고 따라서 수집한 원고도 그대로 책장 속에 던져두었던 것이었다.

그러다가 해방 후 다시 느낀 바 있어 이것을 정리해 보려고 원고를 찾으니 그것마저 아까웁게도 아이들이 대부분을 찢어 없애고 남은 것이 근근 한 이백 수밖에 없었다. 이에 그 중 내가 제일 좋아할 뿐 아니라 민요로서 가장 보편화되었고 가장 재미스럽다고 볼 수 있는 이앙가 백여 수를 발표함과 동시에 이에 대한 소감 몇 마디를 적어 학생 제군의 참고에 공(供)하고자 한다.

2. 총론

민요란 어느 것을 물론하고 다 그러함과 마찬가지로 이 이앙가 또한 이것이 한 개의 민요인 이상 이것을 부르는 농민의 생활감정이 표현된 꽃이며 그 시대 그 지방의 인정풍속이 적나라하게 나타나 있다고 볼 수 있다. 이것이야말로 어데까지든지 그들의 언어로써 노래해진 산야의 소리며 향토의 모습일 것이다. 그 율조는 바람에 한들거리는 초목의 맵시와 산곡(山谷)으로 흘러나리는 시냇물의 소리에서 자연스럽게 생겨진 것일 것이다. 이것은 어떤 한 개인의 창작이 아니요 민중 전체의 합작품일 것이다. 비록 이것이 어떤 한 사람의 천재적 시인의 창작이라 할지라도 이것이 일단 민중의 속으로 들어간 이상 이것은 개인적 색채를 벗어난 보편성을 가진 민중 전체의 합작품으로 변하여 버린다. 오랜 시일을 겪고 많은 사람의 입에 오르나리는 동안 개인적 색채는 어느덧 없어지고 만인이 즐길 수 있는 보편성을 띠게 된다.

생각건대 옛날 우리의 조상들이 혹은 뜨거운 햇볕이 나려쪼이고 혹은 궂은비 싸늘하게 나리는 전야(田野)에서 노작(勞作)할 때 그들의 쓰라린 노고를 조금이라도 자위하고자 반무의식적으로 노래한 것이 이 이앙가들일 것이다. 앞에서도 말하였거니와 물론 이 노래들은 어떤 기특한 시인이 민중을 위로하기 위하여 창작한 것도 아니요 또 민중이 어떤 의도하에서 의식적으로 노래한 것도 아닐 것이며 오직 그때그때 그들의 심장에서 울려나오는 감정과 그들의 눈에 수시로 비추이는 형상을 그대로 즉흥적으로 노래한 것에 지나지 아니한다. 그러므로 이앙가는 거개가 즉흥적 가요들이다. 그 중에는 남녀관계의 애틋한 연정과 불 같이 일어나는 욕정을 노래한 것도 있고 안일하고 부패한 양반계급의 의식적 생활을 신랄하게 풍자한 것도 있으며 또 양반계급의 생활을 은근히 선망한 것도 있고 그들 자신의 생활의 참담함을 호소한 것도 있으나 이것들이 거개 즉흥적으로 노래해진 것은 다른 민요에서 그리 많이 볼 수 없는 이앙가만의 특징이라 하겠다.

그리고 이앙가의 형식은 우리 민요의 전부가 다 그러함과 같이 44조다. 물론 44조가 아닌 것도 간혹 있지마는 그것들은 예외로서 44조가 기본적이라 하겠다. 이 44조는 우리 민중의 호흡에 가장 적응하는 형식이라 하며 재래의 가요가 거개 이 44조를 기본형으로 하고 있는 것이다. 그리고 또 이앙가는 화답식으로 부르게 되는데 대략 남녀 두 패로 갈려서 한 패가 한 구절을 선창하면 다른 한 패가 또 한 구절을 불러서 서로 화답하는 형식으로 되어 있다. 또 곡조는 대개 애조인데 '템포'가 너무 느리어서 모를 심으는 손(手)의 동작과 맞지 아니 하는 감이 있어 좀 부자연스럽다고 하겠다. 물론 극동 음악의 주지(主旨)가 우울이라고 하여 특히 한국 음악은 극단적 애수가 특징이라고 하니 이앙가의 곡조 또한 그 특질을 벗어나지 못하겠지만 노동의 능률을 올림과 동시에 그 노고를 덜기 위하여 부르는 것이 목적인 노동요인 이앙가의 곡조로서는 부적당하지 아니할가. 그뿐 아니라 그 내용의 해학미, 애교미에 비교해 보아도 그 곡조가 너무 애상적이 아닐가 한다.

3. 각론

이앙가는 이것을 크게 2대 구분으로 분류할 수 있으니 첫째 '작업 과정에 의한 분류'와 둘째 '내용에 의한 분류'가 그것이다. 그리고 전자를 또 다시 2구분하여 '모찌기 노래'와 '모숨기 노래'로 분류할 수 있으며 이것을 또 다시 '일을 시작할 때'와 '일을 마칠 때'와 그리고 '오전 오후의 참때(중간 휴게시)'와 '중식시'와 '석양시', '해진뒤', '기타 수시' 등으로 세분할 수 있다. 이제 이러한 분류방법에 의하여 내가 수집하여 둔 이앙가를 다음에 적기로 하겠다.

1) 모찌기 노래

'모찌기 노래'에는 다음과 같은 것들이 있으니

　　한강에다 모를 부어 모찌기도 난감하다
　　하늘에다 목화 갈아 목화따기 난감하다

와 같은 것은 시작할 때 부르는 노래요

　　바디젼 같은 이 못자리 장구판만큼 남았구나
　　장구야판은 있건마는 장구둘이가 전혀 없네

와 같은 것은 마칠 때쯤 되어 부르는 노래다. 그리고 이 외에도 '모찌기 노래'에는 다음과 같은 것들이 있다.

　　이월이 돌아와도 이슬 갤 줄 모르네라
　　맹홧대를 꺾어들고 이슬 털러 가자스라

　　아침이슬 상추밭에 눈매 고운 저 처자야
　　뉘 간장을 녹이려고 눈매조차 저리 곱나

해돋았네 해돋았네 시살봉창에 해돋았네
일어나소 일어나소 잠든 가장아 일어나소

모찌기는 대략 아침 식전에 많이 하므로 앞과 같은 노래가 있고 이 외에도 수시로 부를 수 있는 것이 다음과 같은 것들이 있다.

이 논빠미 모를 부어 잡나락이 반이로다
성외 성내 첩을 두어 기생첩이 반이로다

밀쳐라 닥쳐라 모두 잡아다 훔쳐라
영해 영덕 초목에 호미야 손을 놀려라

2) 모숨기 노래

다음 '모숨기 노래'에 있어서도

물골랑 청청 헐어 놓고 주인양반 어디 갔노
문어야 점복 손에 들고 첩의야 방에 놀러갔소

와 같은 것은 숨기를 시작할 때 부르는 노래요

    서울이라 남정자야 점심참이 늦어온다
    아흔아홉 정지칸에 돌고 나니 늦었다네

    점심 아시기가 술로구나 점심참이 늦어오네
    이등 저등 건넛등에 츩이야 걸려 늦었다네

    샛별 같은 저 밭골에 반달반달 떠나온다
    제가 무슨 반달이냐 초생달이 반달이지

와 같은 것들은 점심 때 부르는 노래들이요

    상추산간 흐르는 물에 상추 씻는 저 처자야
    떡잎은 훑어 광주레 담고 속대 한쌈 나를 다우

    알굼쌈쌈 얽은 독에 쌀로 썩은 과하주야
    팔모깎이 유리잔에 나비 한 쌍 권주한다

    애기야 도령님 연당 안에 펄펄 뛰는 금붕어야

    금붕어 잡아다 회쳐 놓고 큰애기 불러다 술부어라

    주천당 모롱이 돌아가니 아니 먹어도 술내난다
    우리 임 고롬 안고롬에 고롬마다 향내난다

    남방초야 네가 왔나 우리임이 보내드냐
    우리임이 보낼 적에 아무 말씀 안하던가

와 같은 것들은 오전 오후 중간 휴게시가 가까워올 때 부르는 노래들이다.

    해 다 졌네 해 다 졌네 양산 땅에 해 다 졌네
    방글방싯 웃는 임을 못다 보고 해 다 졌네

    해 다 지고 저문 날에 골목 골목 연기난다
    우리 임은 어디 가고 연기낼 줄 모르는고

    저녁을 먹고 석 나서니 월명당 선녀가 손을 친다
    손 치는 대는 밤에 가고 주모야 집에는 낮에 가자

초롱초롱 영사초롱 임의 방에 불밝어라

임도 눕고 나도 눕고 초롱불은 누가 끌고

들은 석양천(夕陽天)에 부르는 노래들이다. 이 외에는 수시로 부르는 노래들이 많이 있으나 여기서는 생략하기로 하겠다. 그리고 다시 이 이앙가들을 그 내용에 의하여 분류할 것 같으면 '감정과 욕정'을 노래한 것이 가장 많고 기타 '양반계급에 대한 증오와 동경', '농민생활의 참담상', '욕설', '인륜' 등으로 구분할 수 있다. 자고로 우리나라 가요가 양반계급과 평민계급에 있어서 많은 차이가 있는데 특히 연정을 노래한 가요에 이것이 뚜렷이 나타나 있는 점이다. 양반계급의 가요는 유교도덕의 구속을 받아 인간성이 거세된 그야말로 천편일률적인 도덕가(道德歌), 교훈가(敎訓歌)임에 반하여 평민계급의 가요는 유교도덕의 영향을 받지 않고 어디까지든지 인간 자연의 감정에서 적나라하게 용솟음치는 정서가 자유분방하게 노래하여져 있다. 이앙가에 있어서도 역시 이러한 모습이 다분히 나타나 있으니 그러므로 '연정과 욕정'을 적나라하게 노래한 것이 가장 많고 '인륜도덕' 등을 노래한 것이 극소소임을 알겠다.

그리고 또 '양반계급에 대한 증오와 반항'을 노래한 것은 이것을 표현함에도 어디까지든지 그들이 즐겨하는 해학성이 나타나 있어 정면으로 반항하는 대신 풍자와 농담으로 이를 야유하고 있다

'연정'과 '욕정'을 노래한 이앙가 중에 인간의 본성을 가장 적나라하게 노래한 것에

> 도령님 품안에 잠을 자니 아실랑 다실랑 추어오네
> 아실랑 다실랑 추은 데는 선살구 맛이 제 맛이지
>
> 해발룸 반발룸 고장바지 알궁등이 시려워 못 살겠소
> 덮어 줌세 가뤄 줌세 한삼 소매로 막아 줌세
>
> 양산 통도 큰절 뒤에 알배기 처자가 나누었네
> 조고만은 상좌아이 지우자 수건에 땀을 닦네
>
> 처자야 처자야 너를 보니 엄동설한에 꽃 본 듯다
> 총각아 총각아 너를 보니 칠년대한에 비 본 듯다

와 같은 것들이 있으니 이러한 표현은 그들이 아니고는

도저히 할 수 없는 대담한 표현방법이다. 그리고 이앙가에는 이 '연정'을 노래한 것 중에 가장 가작(佳作)에 많다고 하겠으니

    영창문을 반만 열고 침자질하는 저 큰악아
    침자질도 좋거니와 고개만 살금 들어 봐라

    한 칸 두 칸 부시쌈지 임이 주시던 정푤는가
    말굴레 같은 은가락지 총각 주시던 정푤는가

    매화야 넌 덕석에 연자해야 저새쳐라
    아무리 후여한들 일본새가 날아가랴

    배꽃일세 배꽃일세 총각 수건 배꽃일세
    배꽃 같은 수건 아래 초롱 같은 눈매 봐라

    알숭달숭 무자줌치 대구야 팔사 끈을 달아
    인제 주까 전제 주까 닭이 울어도 아니 주네

    머리 좋고 실한 처자 줄뽕낢에 앉아 우네

울뚱줄뚱 내 따 줌세 백년가약 날과 함세

파랑 부채 청도포야 꽃을 보고 지내치나
꽃아 꽃아 서러마라 명춘삼월 다시 보자

알곰삼삼 고운 처자 달산에 고개로 넘나든다
오며 가며 빛만 뵈고 대장부 간장만 다 녹인다

팔랑팔랑 궁초당기 담장 안에서 날 속이네
물레를 가지고 자아 낼가 낚시를 가지고 낚아 낼가

은장도라 칼이 되어 임의 고롬에 놀고 지고
은저 놋저 수저 되어 임의 상에 놀고 지고

유자 탱주는 의가 좋아 한 꼭지에 둘이 여네
처자 총각은 의가 좋아 한 베개에 잠이 드네

한산모시 적삼 속에 연적 같은 저 젖 보소
많이 보면 병납니데 쌀낟만침 보고 가소

와 같은 것들은 얼마나 아름다운 시들이냐? 마치 고려 시절의 속요를 읽는 듯 그 진솔한 애틋한 맛이 참으로 아름다워 우리나라 허다한 민요 중에도 백미라고 하겠다. 창을 열어 놓고 바느질하는 처녀에게 고개를 들고 나를 좀 보아달라는 것을 표현하는 데도 "창을 활짝 열고"가 아니고 "창을 반만 열고"라고 한 것이 얼마나 재미스러우며 "고개를 들고 보라"는 것도 "고개만 살곰"한 것이 얼마나 좋으냐? "굵은 은가락지"를 "말굴레 같은 은가락지"로 "밝은 눈매"를 "초롱 같은 눈매"로 표현한 것이라든지 더구나 처녀의 젖꼭지를 '연적'같다고 표현한 것들은 얼마나 감각적이냐? 그리고 또 총각 처녀가 남모르게 사랑을 하다가 잉태한 것을 "도령님 품 안에 잠을 자니 아실랑 다실랑 추어 오네"로 나타낸 것이라든지 "물레를 가지고 자아낼가 낚시를 가지고 낚아낼가"라든지 "엄동설한에 꽃 본 듯", "칠 년 대한에 비 본 듯" 등 표현은 재삼 경탄하고도 남음이 있는 수법들이다.

다음 '양반계급에 대한 증오'를 노래한 것으로서는 앞에 든

　　물골랑 청정 헐어 놓고 주인네 양반 어디 갔노
　　문어야 점복 손에 들고 첩의야 방에 놀러 갔소

가 그 대표라고 하겠는데 이 노래는 모숨기를 시작할 때 부르는 노래다. 모숨기가 이미 시작되었는데도 불구하고 논 임자인 양반님은 전연 보이지 않는다. 우리들 농민은 이렇게 고생을 하며 제 일을 해 주는데 괴심한 놈! 이와 같은 증오심과 반항심이 일어날 것은 당연한 일이다. 그러나 그들은 이 불길같이 치밀어 오르는 증오심과 반항심을 정면으로 표현하지 않고 능청스럽게 앞과 같이 표현하여 양반계급의 향락적이요 부패적인 생활상을 여실히 폭로하였다. 그러나 그들도 자기들의 울분을 해학미 가득한 야유로써 "문어 점복 손에 들고 첩의 방에 놀러 갔소"하는 구절 대신에 "소뼈 개뼈 입에 물고 걸음 밭에 나누었다"라고도 하여 양반계급을 개(狗)와 같이 취급하고 있는 것이다. 이 얼마나 신랄한 풍자이며 심각한 '유우모어'냐? 그뿐 아니라 그들은 또 양반계급에 대한 증오심을

여기 꽂고 저기 꽂고 주인네 큰애기 ○에 꽂고
꽂기사 꽂건마는 음달이 져서 살동말동

과 같은 욕설로써도 표현하여 자기들의 억울한 처지를 '유우모어'로써 자위하는 것이다.

전게한 '모찌기 노래'

　이 논빠미 모를 부어 잡나락이 반이로다
　성의 성내 첩을 두어 기생첩이 반이로다

라든지

　웅지 빠진 갓을 쓰고 기생방이 그 왠말고
　행주치마 떨쳐 입고 강새 보긴 그 왠말고

들과 같은 것은 양반계급의 부패한 가정생활을 여실히 폭로한 것이요 특히 후자는 양반계급의 몰락상을 보여주는 것이 아닐까 한다. 그러나 농민들은 양반계급을 증오하는 한편 그들의 생활을 또 은근히 부러워하였으니

　소주 고ㅎ고 약주 뜨고 국화 정자로 놀러가네
　우리는 언제나 활양 되어 국화 정자로 놀러갈고

　청사 초롱 불 밝혀 들고 춘향방으로 놀러가네
　우리는 언제나 이 도령 되어 춘향방으로 놀러 갈고

저기 가는 저 한님아 대구바리 몇 바리냐
농두바리 궤두바리 고리 열닷 죽 싣고 가오

서울이라 왕대밭에 금비들기 알을 낳네
그 알을야 내 줬던들 금년 과거 내 할 것을

들은 그 심정을 노래한 것이라고 보겠다.
　다음에는 농민 자신들의 생활상을 노래한 것으로서 다음과 같은 것들이 있다. 그 중에서도

내 떠다 주던 궁초당기 뉘 수발한다고 다 떠뤘나
엄첩다 더럽다 그 잘난 것 너 수발한다고 다 떠뤘다

찔레꽃을 데쳐 내어 임의 보선 볼 걸었네
보선 보고 임을 보니 임 줄 정이 전혀 없네

빈대 벼룩 끓는 방에 귀신 같은 저 임 보소
한때 듭때 굶으나마 같은 임을 만나 주소

와 같은 것들은 부부 간의 애정을 노래한 것인데 첫눈에

띄는 것이 안해의 남편에 대한 불만이다. 첫째 수는 부부 간의 문답요(問答謠)인데 남편의 물음에 대한 안해의 답이 너무나 대담하지 않은가? 아마 이 여자는 부정(不貞)한 여자일 것이며 그의 간부(姦夫)는 돈 있는 양반건달일 것이다. 남편이 그 안해의 부정을 어렴풋이 눈치채고 넌즛이 묻는 물음에 대하여 안해는 자기의 비밀이 알려질가 봐 겁을 내기는커녕 새로히 도로혀 이런 대담한 답을 더구나 자기 남편을 비꼬아서 한다는 것은 그 배후에 권력과 금력의 소유자인 간부가 없고는 불가능할 것이다. 예나 지금이나 허영심이 많은 것은 여성인 양 싶으니 상게한 노래의 둘째 수 셋째 수가 이러한 여성의 심리를 여실히 나타내고 있는 것이다. 봉건사회에 있어서의 양반계급들은 이러한 여성의 심리를 이용하여 서민계급의 부녀자를 마음대로 농락하였던 것이다.

또 다음과 같은 노래는 생활을 노래한 것 중에서도 구복지욕(口腹之慾)을 읊은 것으로서 그 해학미가 참으로 잘 나타나 있어 우리 선민들의 '유우모러스'한 성격을 십분 발휘하였다고 하겠다.

퐁당퐁당 찰수지비 사우야 반에 다 올랐네

헌 감투 덮어 쓰고 멀국 먹기도 싫어라

더구나 이 노래의 대구를 다음과 같이도 노래하는데, 그 '유우모러스'한 맛이 전기(前記) 대구보다 일층 재미스럽다.

할머니는 어디 가고 딸애기를 맡겼는고

그리고 구복지욕을 노래한 것 중에 다음과 같은 노래는 그 대구에 일정한 것이 없고 가창자의 구변 여하에 따라 얼마라도 달리 노래할 수 있는 것으로서

서울이라 남정자야 점심참이 늦어온다

라는 구절에 대하여

아흔아홉 정지칸에 돌고 나니 늦었다네

찹쌀 닷 되 맵쌀 닷 되 일 건진다 늦었다네

미나리라 시금초라 맛본다고 늦었다네

은저 닷 단 놋저 닷 단 계수한다 늦었다네

아장아장 걷는 애기 밥준다고 늦었다네

등 대구를 지방에 따라 달리 부르고 있다.
 다음 첫째 노래는 농민들과는 하등의 관계가 없는데도 불구하고 부르고 있는데 이것은 아마 유교에서 온 사상이라고 보는 것이 좋겠으며 '인륜'을 노래한 것은 극소수이나 다음과 같은 것들이 여기에 속한다고 보겠다.

해다 지고 저문 날에 어떤 행상이 떠나가노
이태백이 본처 죽어 이별 행상 떠나간다

해다 지고 저믄 날에 어떤 수자가 울고 가노
부모형제 이별하고 갈 곳 없어 울고 간다

다박다박 다박네야 해 다 진데 어디 가노
울 어머니 산소등에 젖먹으러 울고 간다

이 논빠미 모를 심어 금실금실 영화로다
우리 부모 산소등에 솔을 심어 영화로다

저 건너라 갈미봉에 청실홍실 군디 매어
우리 형제 굴려 뛰니 떨어질가 염려로다

찔레꽃은 장가가고 석유꽃은 노객 가네
만인간아 웃지 마소 씨종자를 바래 간다

그리고 단순히 서경(叙景)을 노래한 것으로서는 다음과 같은 것들이 있다.

모야 모야 노랑 모야 언제 커서 열매 열레
이 달 크고 저 달 커서 칠팔월에 열매 열지

새야 새야 원앙새야 너 어디서 자고 왔노
수양 청정 버들숲에 헌들헌들 자고 왔다

밀양 삼랑 궁노숲에 연밤 따는 저 수자야
사래 길고 장찬 밭에 목화 따는 저 처자야

장사야 장사야 황화장사 너 질머진 것이 무엇이고
　　진주서 가져온 갖은 황화 팔도야 기생 머릿당기

　상기와 같이 이앙가는 대부분이 2구절 1수로 되어 있음이 특징이나 그렇지 아니한 것도 몇 수 있으니 '모찌기'를 마칠 때 부르는

　　저루자 저루자 이 못자리를 저루자
　　저루자 저루자 갈모 쌈지를 저루자
　　저루자 저루자 유지 장팡을 저루자
　　저루자 저루자 망건 당줄을 저루자
　　저루자 저루자 영감 쌍투를 저루자
　　저루자 저루자 총각 처자를 저루자

　같은 것과 또 '모숨기'를 마칠 때 부르는

　　설서리 어디 갔노
　　설서리 장에 갔다
　　있던들 보렸더니
　　오거들랑 보고 가소

>   제비는 초록 제비
>   나비는 호랑나비
>   앞에는 유자 정자
>   뒤에는 감자 정자
>   청수래비 놀던 정자
>   어허 그 정자 놀기 좋다
>   좋거들랑 놀다 가소

와 같은 것이 있는데 이 노래들은 가창자의 구변에 따라 얼마든지 계속해 부를 수 있다.

그리고 또 그 곡조도 다른 이앙가들과는 달라 '템포'가 유장하지 않고 빠른 편인데 이것은 노동의 능률을 일층 더 올리기 위함과 노동의 진도를 촉진하기 위함에서 생겨진 곡조라고 보겠다. 그러나 이 노래들도 다른 이앙가들과 마찬가지로 화답식이다. '모숨기'를 마칠 때 부르는 '설서리'의 노래는 그들의 말에 의하면 모숨기를 다 마치고 나면 서레(農具)가 필요 없게 되므로 이렇게 서레를 찾는다고 하며 일의 능률을 올리기 위하여 화창(和唱)하는 대로 상게와 같이 짧은 구절을 주고받고 한다고 한다.

이상 예시한 노래 외에도 내가 수집해 둔 이앙가들을

상기 분류 방법(내용에 의한 분류)에 의하여 이를 다음에 게재하겠다.

1) 연정류

울 오라배 앙누비 바지 어드메 처자가 다 누볐나
충청도 처자가 줄을 놓아 절라도 처자가 다 누볐다

수건수건 반포 수건 수건귀가 떠러졌네
수건귀가 떠러지면 임의 정도 떠러진다

애기야 도령님 병들었다 순금씨 불러다 배 깎어라
순금씨야 깎은 배는 맛도 좋고 연할소냐

이 노래 중에 나오는 '순금씨'를 고정옥 씨는 명의(名醫)의 이름일 것이라고 보나 나는 그렇게 보지 않는다. '순금'이란 이름은 우리 민족의 여성의 이름으로 보편화되어 있으니 이것도 어떤 처녀의 이름일 것이요 또 '애기도령'의 병은 사모 끝에 일어난 상사병이라고 볼 수 있으므로 이 노래를 연정류에 넣는다.

유월 염천 하두 더워 첩을 팔아 선자 샀네
　　동지 섣달 긴긴 밤에 첩의 생각 절로 난다

　이 노래는 연정이라기보다 차라리 양반계급의 썩어 빠진 생활상을 폭로한 것이라고 봄이 옳을 것도 같다.

　　쌀랑쌀랑 부는 바람 김 도령의 쾌자 바람
　　김 도령은 어디 가고 쾌자 한 쌍 걸렸는고

　　김 선달네 담장 안에 곱게 피는 봉숭화야
　　필 적에는 곱게 피고 질 적에는 슬피 진다

　이 노래는 인생의 무상을 읊은 것인 듯도 하다.

　　진주 단성 안사랑에 장기 두는 처남 손아
　　여중일색 너의 누부 남중호걸 나들 다우

　　개령 김산 큰 큰아기 전옥에라 가쳤다네
　　옥사정아 문 열어라 큰아기라 구경하자

사랑 앞에 심은 화초 담장 너메 느러졌네
길을 가던 마상객이 그 꽃 본다 길 못 가네

남창남창 벼랑 끝에 야속하다 울 오라비
나도 죽어 후생 가서 우리 임만 섬길라네

 이 노래에는 슬픈 전설이 있으니 어느 홍수가 진 날 시냇가 절벽길로 시누이와 올케가 길을 가다가 잘못하여 물에 빠졌다 한다. 이것을 본 처녀의 오빠는 달려가서 그 안해를 먼저 건지고 그 누이는 미쳐 건지지 못하였다 한다. 그리하여 수종 고혼이 된 누이는 그 오빠를 원망하여 이런 노래를 불렀다 한다.

오늘 해가 요만하면 새미길에 그물 치자
걸려 주소 걸려 주소 알배기 처자만 걸려 주소

베개모에는 달이 뜨고 이불 밑에는 꽃이 폈네
달도 뜨고 꽃핀 방에 자고 간들 상관이요

달이 떴네 달이 떴네 시살문에 달이 떴네

놀다 가소 놀다 가소 저 달이 지도록 놀다 가소

임이 죽어 연자 되어 첨마 끝에 집 지었네
나며 보고 들며 봐도 임인 줄을 몰랐구나

사랑 앞에 국화 심어 국화 밑에 풀이 났네
사랑 양반 어디 가고 국화 숭상 못하는고

상주 함창 공굴못에 연밤 따는 저 처자야
연밤 줄밤 내 따 줌세 내 집 명주 너 짜다구

첩아 첩아 이 내 첩아 신을 벗고 어디 가노
소태감기 육날배기 따라가며 신발하네

유월이라 새벽달에 처자 둘이 도망 가네
지우자 수건 타라 쥐고 총각 둘이 뒤 따르네

남창 북창 연당 안에 깔깔 우는 청개굴아
잠든 독사 일어나면 속절없이 너 죽는다

이 노래는 간부(姦婦)가 간부(姦夫)에게 자기 본남편이 옴을 경계한 노래라고 한다.

청술래 홍술래 배나무 밑에 뱅뱅 도는 저 처자야
널로 하여금 얻은 병이 날마다 날마다 길어 온다

청석골 바람이 내리 불어 도령님 부채를 놓고 가네
어허 그 처자 왈자로다 도령님 부채를 주어 주네

신 사 주소 신 사 주소 총각 낭군아 신 사 주소
신 사 주면 남이 알고 돈 줄 터니 사 신어라

세모시 카래를 뱅타라 쥐고 담장 밖에 넘나 드네
돋아 오는 달도 보고 서울 가신 임도 보고

저기 가는 저 마누라 딸 있거든 나를 주소
딸이야 있건마는 너무 어려 못 주겠네

가는 댕댕 느렁 넌출 광풍에도 못 잊었네
달은 밝아 요요한데 임의 생각 절로 난다

2) 양반 생활의 선망

저기 가는 저 구름에 어드메 신선 타고 가노
웅천이라 천자봉에 놀던 신선 타고 간다

운에 안개 자진 곳에 방울 없는 매가 떴다
그 매가야 내 맬러니 천리매가 되어 간다

3) 농민의 생활상

농사법은 있건마는 신농씨는 어디 갔노
고고 시절이 언제라고 신농씨가 있을소냐

양산 모롱이 논을 쳐서 수영 청청 봇물 걸어
못다 맬 논을 다 맬 듯이 풍잠 동곳만 잃었구나

너 치마 내 치마 포랑 치마 끈을 달아서 서른 대자
치마야 구경 가지 말고 끈 다는 구경 가자스라

4) 욕설

저기 가는 저 처자는 속옷 가래 풀어졌네
풀고 가나 놓고 가나 수재에게 계관이요

저기 가는 저 마누라 속옷 밑에 피 묻었다
새빠질 놈 눈빠질 놈 동래 자주 선둘었다

5) 기타

서울이라 유당 안에 해달 뜨는 구경 가자
진주 덕천 공굴 아래 잉어 노는 구경 가자

서울이라 낡이 없어 문경 새재 베틀 놓아
안동이라 안치널에 용궁 처자 베 잘 짠다

서울이라 낡이 없어 죽철로써 다리 났네
그 다리라 건널라니 쿵절시구 소리 난다

서울이라 낡이 없어 쪽구슬로 대궐 지어

대궐 구경 가지 말고 구슬 구경 가자스라

하늘 위에 옥황상제 구름 타고 희롱한다
동햇바다 배사공은 배를 타고 희롱한다

장금아 장금아 재장금아 머리를 깎고 중이 되노
머리를 깎고 중이 되면 부모 봉양은 누가 할고

백설 같은 저 나비야 부모 몽상을 입었느냐
소복 단장을 곱게 하고 장다리밭으로 날아 든다

줄이 떴네 줄이 떴네 해달 님 속에 줄이 떴네
서울이라 남대문에 등자 부채로 흩날리네

사랑 앞에 갈대 심어 잘게 절어 시댓삿갓
동래 자주 선을 둘러 을캐에게 선물하자

비 묻었네 비 묻었네 갈미봉에 비 묻었네
그 비가야 비 아니라 억만군사 눈물일네

사공아 배둘러라 우리 동생 보러 가자
너의 동생 무슨 죄로 철도성에 귀양 갔노

중아 중아 도사 중아 너 절 구경 어제 할고
소승 절 구경하려거든 금강산 모롱이 돌아 오소

나비야 나비야 범나비야 무슨 꽃이 정 좋더냐
따드랑 땅땅 땅질레 맨드라미 봉숭화 석유꽃이 정 좋더라

거미야 거미야 왕거미야 진주 덕산 왕거미야
너 철륭 내 활량 청융산에 청바우 미리국 미리국 둥덩실 둥덩실 왕거미야

상기한 끝에 노래 두 수는 노래 멕이는 편에서 노래 받는 편을 골리기 위하여 부르는 것이다. 이 노래를 받지 못할 시는 한 바탕 웃음판이 버러진다.

4. 여언

여기에 실을 이앙가들은 주로 경상남북도 지방(특히 울산, 경주, 창원, 함안 등지)에서 전해 오는 것들 중에서 추린 것이다. 그런데 우리나라 이앙가의 분포상태를 보면 영남 지방과 호남 지방과 경기, 황해 지방이 서로 다른데 호남 지방의 것 중 경남 지방에 가까운 지방의 것은 영남 지방의 것과 일맥상통하는 점이 있으나 그 외에는 전연 달라서 각기 지방색을 들어내고 있다. 원래 민요란 시간적으로 장기간을 계속되고 공간적으로는 광범위로 전파하는 것임에도 불구하고 이 이앙가만이 이렇게 분포상태가 특이하다는 것은 그 이유가 나변에 있는지 알 수 없는 일이다. 형식, 내용은 물론 곡조까지 전기 세 지방이 서로 다르다는 것은 실로 연구의 호재료(好材料)라 하겠다. 이렇게 서로 특이한 점의 원인이 행정 관계에 있지나 아니할까?

즉 삼국이 정립하여 있을 때부터 이렇게 달라진 것이 아닐까 싶으나 여기에 대해서는 다음 기회로 미루고 여기에서는 오즉 분류에만 그치기로 하고 각필한다.

(1954. 1. 30)[19]

19) 『군봉』 5호, 동래고등학교 문예부, 1956.

우리 고전문학에서 찾을 수 있는 멋

아득한 옛날부터 우리 민족은 멋을 좋아하는 민족이었다. 면면 반만 년을 이어오는 동안, 때로는 비록 생활이 가난하고 다른 민족에 덧붙어 살지 않으면 안 되었던 불우한 민족이었지만, 그래도 그들이 있는 곳에는 언제나 이 멋이 없어지지는 않았었다.

후한서(後漢書)나 위지동이전(魏志東夷傳) 같은 사책(史册)에 의할 것 같으면 부여(夫餘), 고구려(高句麗), 예(濊) 같은 북방계 민족이나 삼한(三韓) 같은 남방계 민족이 다 같이 "시월 제천(十月祭天) 국중대회(國中大會) 연일음주(連日飮酒) 군취가무(群聚歌舞)"하였다 하며, "길 가는 사람은 노유(老幼)를 막론하고 주야를 함께 노래하니 그 소리가 종일토록 끊어지지 않는다"고 하였으니, 우리 선민(先民)들이 일찍부터 얼마나 멋을 좋아 했으며, 멋을 하는 생활을 누렸던가를 알 수 있다.

이렇게 멋을 좋아하는 민족정신이 신라에 와서 화랑제도로 발전하여 찬연한 신라문화의 금자탑을 이룩하게 되었으며 나아가서는 고려문화로, 조선문화로 면면 그 전통을 이어온 것이 아니었던가? 우리 문화가 비록 대륙문화의 영향으로 그 전통성을 다분히 잃었음은 부인할 수 없는 슬픈 일이라고 하겠으나, 그래도 그 속에 맥맥히 흘러내려오는 그 '무엇' 이것이 바로 우리 선민들의 체온이요 체취인 풍류성(風流性), 곧 '멋'이 아니고 무엇이겠는가?

현 세대의 정신으로써는 좀처럼 이 멋이라는 윤택성(潤澤性)을 우리의 생활이나 문화에서 찾아 볼 수 없지만, 이와 반대로 우리 선민들은 어느 민족보다도 가장 풍부한 멋을 지니고 살아왔으며, 또 이 멋을 하는 생활감정은 그것이 그대로 그들의 문학으로 표현되었던 것이다. 이에 나는 우리 선민들이 남겨 놓은 문학에서 이 멋(풍류성)을 찾아보고자 한다.

저 한토(漢土)와 멀리 떨어져 있는 관계로, 우리 민족이 이룩한 다른 어느 나라보다도 중국문화의 영향을 늦게 받아 고유문화를 오래도록 지니고 있던 신라의 문학에서부터 이를 찾아보기로 하자.

아득한 옛날부터 흘러 내려오는 우리 민족의, 멋을 즐기는 정신은 이것이 신라에 와서 화랑제도를 낳게 하였으며, "상열이가무(相悅以歌舞) 유오산수(遊娛山水) 무원부지(無遠不至)"하던 그들은 가는 곳마다 향가(鄕歌)를 불렀었다. 그러나 삼대목(三代目)을 편저할 정도로 발달하였던 향가도 망국과 함께 인멸되어 지금은 그 전모를 파악하기 어려움이 유감이나, 현존하는 십여 편의 노래만으로도 이 멋을 찾아 볼 수 있음은 정말 고마운 일이다.

그들이 향가에서 보여 주는 이 멋은 여러 가지로 분류할 수 있으나 위선 몇 편에 의해 이를 찾아 볼 것 같으면, 「모죽지랑가」나 「찬기파랑가」에서는 간절한 애모(愛慕)로 표현되었고, 「노인헌화가」에서는 더구나 멋있는 애정으로 토로되어 있다.

> 吾肸不喩慚肸伊賜等 花肸折叱可獻乎理音如
> 나흘 아니 붓ᄒ리샤ᄃᆞᆫ 곶홀 것가 받ᄌᆞᄇ리이다

이 얼마나 멋있는 표현이냐? 몸은 비록 늙었으며, 더구나 보잘것없는 한 사람 견우노인(牽牛老人)에 지나지 못하지만 꽃을 꺾어 달라는 멋을 아는 수로부인(水路夫人)의 참 뜻을, 수십 명이나 되었을 종자(從者)들은 물론, 사랑하는 그의 남편인 순정공(純貞公)마저, 목숨을 두려워했음인지 이 간절한 부탁을 들어주지 못했는데, 오직 부인의 멋에 공감하는 마음이 연정으로 비약하여, "당신이 부끄러워하지만 않는다면 목숨을 바쳐서라도 저 험한 낭떠러지에 피어 있는 꽃을 꺾어 받치겠노라"고 읊은 무명 노인의 절절한 순정! 이것이 곧 우리 선민들의 멋이었다. 꽃을 보고 그냥 지나치지 못하는 수로부인의 멋, 그 멋에 공감하여 꽃을 꺾어 받치겠다는 견우노인의 멋! 이 얼마나 아름다운 마음들이며 멋있는 정경이냐? 이와 같이 신라의 선민들은 남녀 노유를 물론하고 모두 멋을 알고 살았었다.

그러나 이보다도 더 멋있는 향가의 대표자 작품으로 「처용가」가 있음을 잊어서는 안 된다.

東京明期月良 夜入伊遊行如可
시불 불기 드래 밤 드리 노니다가

운운의 노래. 서울 밤 밝은 달에 멋에 취하여 밤이 깊도록 노니다가 집에 돌아온 풍류인 처용의 눈에 뜨인 것이 무엇이었던가? 사랑하는 아내가 다른 남자와 잠자리를 같이하고 있는 기막힌 광경! 눈에 불이 나고 이가 갈릴 질투와 저주의 분노가 간부(姦夫)의 목숨을 단박에 앗을 줄 알았는데, 이 웬 엉뚱한 수작이냐? 처용은,

本矣吾下是如馬於隱 奪叱食乙何如爲理古
본듸 내 해다마`ᄅᆞᆫ` 아사`ᄂᆞᆯ` 엇디`ᄒᆞ`리잇고

를 태연하게 읊으며 표연히 그 자리를 물러나려고 하지 않았던가? 이것이다. 이것이 예술인들의 멋이다. 일대의 풍류객인 저 처용 아비의 호연(浩然)스런 태도! 원수도 오히려 사랑한다는 그 순수한 마음씨! 그러기에 그 흉악무도한 역신(疫神)도 이 너그러운 마음씨 앞에서는 무릎을 꿇지 않았던가?

이와 같이 '동천타감귀신(動天他感鬼神)'하던 신라 향가의 멋은 응당 그 전통을 고려문학에도 끼쳤을 것이다. 그러나 고려시대의 우리 문학은 욱일(旭日)처럼 융성하는 한문학에 압도되어 그 빛을 잃고 말았으며, 오직 서민들에 의하여야만 근근이 그 명맥을 이어왔던 까닭으로 이

러한 전통의 흐름을 용이하게 찾아내기가 곤란하다.

물론 고려속요처럼 그 표현이 진솔한 문학도 드물 것이다. 표현이 진솔했으며 거기에는 우리 선민들의 멋있는 생활감정도 넘쳐흘렀으리라. 더구나 이 속요들은 서민층에서만 불리어지는 문학이었으므로 귀족문학처럼 도덕의 제약을 받지 않고 어디까지나 인간 본연의 생활감정이 적나라하게 표현되었을 것만은 명약관화의 사실일 게다.

그러나 서민들이 남긴 이들 구전가요는 조선 초에 이르러 유교를 숭봉(崇奉)하는 학자들의 비방을 받아 '남녀상열지사'(男女相悅之詞)란 누명을 쓰고 '사리부재'(詞俚不載)의 사형을 받고 말았으니 지금 남아 전하는 자료만으로써 이를 찾아낸다는 것은 더욱 어려운 일이다. 그러므로 오직 "어름 우희 댓닙자리 보와 님과 나와 어러주글망뎡"이라고 노래한 「만전」의 강렬한 사랑, "상화점에 쌍화사라가고신딘 회회아비 내 손모글 주여이다" 운운한 「쌍화점」의 경쾌한 희연(戱戀), "정월ㅅ나릿므른 아으, 어져 녹져 ᄒᆞ논ᄃᆡ"라고 영탄한 「동동」의 애절한 연모 등 수삼 편의 가요에서 간신히 그 편린을 짐작할 수밖에 없음이 심히 유감이다.

다음은 조선문학에서 이 멋을 찾아보기로 하자.

조선은 그 국시가 척불숭유(斥佛崇儒)인 관계로 문학 또한 그 영향을 받아 초기에 있어서는 도덕적인 구속에서 벗어나지 못하고 그 표현이 공식적이었으며 그 내용이 또한 솔직하지 못한 염(嫌)이 없지 않았었다.

그러나 이러한 작풍도 을사사화 이후 당쟁이 점차 치열해 지자 유위(有爲)한 학자 및 뜻 있는 사람들이 환해풍파(宦海風波)를 떠나 많이 산림 속으로 은퇴하게 되었으며, 거기에다 다시 도연명 식의 현실도피 사상이 풍미하게 되어 자연과 친하게 되고 자연을 사랑하게 되었다. 그리하여 자연미를 발견하고, 자연 속에서 유유자적하는 '물아일체(物我一體)'의 생활이 문학의 테-마가 되었으며 '안빈낙도(安貧樂道)'를 구가하는 작품이 쏟아져 나오게 되었다. 자연 속에서 자연을 벗 삼아 망아(忘我)의 경지에서 생활하던 그들의 문학에 어찌 멋이 없었겠는가? 지난 어느 시대보다도 멋의 문학을 많이 남긴 시대가 바로 조선시대라 하여도 과언이 아닐 것이다.

그럼, 이하 그 많은 작품들 중에서 특히 두드러지게 이 멋을 맛 볼 수 있는 작품을 몇 편 소개하여 우리 선민들의 그 멋있던 풍류생활을 찾아보기로 하자. 그러나 작품의 양이 너무나 웅대하여 각 분야에 걸쳐 다 말할 수 없으므로 여기에서는 다만 시조문학에 대하여서만 살펴보기로 하겠다. 물론, 가사(歌辭)는 말할 것 없고, 소설에 있었어도 얼마든지 이 멋을 찾아 볼 수 있으나 예문이 너무 번거로울 것 같아 지면 관계도 있으므로 간단한 시조를 취하였음을 말하여 둔다.

시조 중에서도 자연을 소재로 한 작품에서 이 멋을 가장 많이 찾아 볼 수 있으나 그것은 뒤로 미루고 우선 작자별로 몇 사람 살펴보기로 하겠다.

흔 잔 먹새근여 쏘 흔 잔 먹새근여,
곳 것거 산(算) 노코 무진무진(無盡無盡) 먹새근여

로 시작된 송강의 「장진주사(將進酒辭)」부터 살펴보자.

송강은 우리 국문학의 대가일 뿐 아니라 그 성격이 쾌활호방하며 술을 좋아하여 이태백의 풍모를 가진 이 시대의 군계일학적인 존재이었으므로 그 작품 또한 그 성격과 같이 도처에 멋이 넘쳐흐르고 있다.

이 몸 죽은 후면 지게 우히 거적 덥허 주리혀 미여 가나, 유소보장(流蘇寶帳)의 만인이 우러네나, 어욱새, 속새, 덥가나모, 백장(白場) 속에 가기곳 가면, 누론 히, 흰 들 ㄱ는 비, 굴근 눈, 쇼쇼리 ᄇᆞᆷ 불제 뉘 ᄒᆞᆫ 잔 먹쟈 ᄒᆞ고

　ᄒᆞ믈며 무덤 우히 잰납이 ᄑᆞᆷ 불 제야 뉘우친ᄃᆞᆯ 엇디리

　이것이 「장진주사」의 전부이다. 그 내용은 말할 것도 없거니와 그 표현이 또한 얼마나 멋이 있는가? 가락에 고저(高低)를 두고 가만히 한 번 읊어보라. 송강의 그 멋있는 풍채(風彩)가 그대의 눈앞에 선하게 떠오르리라. 더구나 언어의 구사가 제절로 호흡에 맞아 흥청거리는 리듬의 멋! 한잔 술을 들지 않고는 차마 배기지 못하리라. 또 그 시어들이 얼마나 감각태(感覺態)이냐? '피키소'의 그림에서 보는 바와 같은 태양이 여기 있음을 간과해서는 안된다. 송강의 멋이 아니고는 저 태양을 가리켜 "누른 해"라고는 감히 표현하지 못할 것이다. 뿐만 아니라, "누른 해, 흰 달", "가는 비, 굵은 눈" 등 대구를 쓴 기교가 또한 얼마나 멋이 있는가?

　송강의 문학에 대하여는 이밖에도 할 말이 한없이 많으나 이 한 편만 가지고도 능히 그의 다방면에 거(巨) 멋

을 만끽할 수 있으므로 이 이상 더 부연하지 않기로 하고, 다음은 고산의 작품을 살펴보기로 하겠다.

  뫼흔 길고 길고 믈은 멀고 멀고
  어버이 그린 뜻은 만코 만코 하고 하고
  어듸셔 외기러기는 울고 울고 가ᄂ니

 이 시조는 고산의 초기작품인 「견회요(遣懷謠)」 중의 일수이다. 멀리 경원(慶源) 적소(謫所)에서 부모를 그리워하며 읊는 노래인데 산고수심(山高水深)을 들어 부모를 그리는 정을 표현한 점도 멋이 있거니와, 더구나 말을 중첩하여 그 뜻을 강조한 점이라든지, 'ㄹ' 음, 'ㅁ' 음 같은 독음을 많이 써서 음악적인 멋을 노린 점 등, 참으로 대가의 솜씨에 새삼 감탄함을 금하지 못하겠다.

  잔 들고 혼자 안자 먼 뫼흘 바라보니
  그리든 님이 오다 반가옴이 이러ᄒ랴
  말쏨도 우움도 아녀도 못니 됴하 ᄒ노라

 이것은 「산중신곡(山中新曲)」 중 '만흥'이란 시조로서 고산 문학의 난숙기인, 작자 56세 시의 작품이다. 자연에 몰입한, 자연과 작자가 혼연일체 된 경지를 읊은 가장 멋있는 작품으로서 마치 저 도연명의 "채국동리하(採菊東籬下) 유연견남산(悠然見南山)"을 방불하게 하는 작품이다. 그의 육체는 술잔을 든 채 마루에 앉아 망연히 먼 산을 바라보고 있으나 그의 넋은 이미 육체를 떠나 저 청산 속에서 거닐고 있음을 느낄 수 있는 걸작이다. 이밖에도 고산의 작품에는 「어부사시사(漁父四時詞)」, 「오우가(五友歌)」 등 멋을 읊은 시조가 얼마든지 있으나 여기서는 할애하기로 하겠다.

다음은 여류시인으로 황진이를 살펴보기로 하자. 아버지 황 진사와 어머니 진현금(陳玄琴)의 멋진 사랑의 씨로서 태어난 진랑(眞娘)은 어릴 때부터 멋있는 가정에서 자라났으므로 일찍이 시서가무(詩書歌舞)에 능통하여 장래가 촉망되던 재원(才媛)이었다. 16세 시 이웃집 총각의 짝사랑으로 인한 죽음이 있은 후 느낀 바 있어 화류계(花柳界)에 투신하여 허다한 에피소-드와 함께 가장 멋있는 일생을 보낸 여성이다.

어져 내 일이여 그릴 줄은 모르던가
　　이시라 ᄒ더면 가랴마는 제 구태여
　　보내고 그리는 정은 나도 몰라 ᄒ노라.

　얼마나 멋진 표현이냐? 애인 소양곡(蘇陽谷)을 보내고 하룻밤을 전전불상(輾轉不寐)하면서 그는 이렇게 읊었다. 보낼 때는 이토록 그리워질 줄은 몰랐는데, 급기야 보내놓고 난 후 왈칵 일어나는 그리움! 굳이 붙들면 붙들어 둘 자신도 있었건만 보내 놓고서야 비로소 자신의 경솔했음을 후회하는 심정, 그 안타까운 심정을 어떻게 이다지도 멋있게 읊었을까? 더구나 중장의 "가랴마는 제 구태여"의 도치법은 표현의 멋이 넘쳐흐르는 가구(佳句)이다.

　　동지ㅅ달 기나긴 밤을 ᄒᆞᆫ 허리를 둘헤내여
　　춘풍 니블 아래 서리 서리 너헛다가
　　어룬 님 오신 날 밤이여드란 구비 구비 펴리라

　한 번 떠난 임은 돌아올 길조차 막연하다. "보내고 그리는 정"에 눈물짓던 진랑은 낙목한천(落木寒天)의 겨울을 맞이하니 더 더구나 그리운 정을 걷잡을 수 없다. 전전불상 기나긴 겨울밤을 그 몇 번이나 뜬 눈으로 새웠던가? 참다못해 붓을 들어 읊조린 이 한 편의 애끊는 정념! 이 시조에 담겨 있는 애절한 정서야 더 말하여 무엇하리. 얼마나 겨웁기에 기나긴 겨울 밤을 반중등 덤뿍 끊어 고이고이 간직해 두었다가 임 오신 그 밤을 길게 길게 느려 보려고 하였으랴?

그러나 이 시조는 이러한 내용보다 오히려 그 언어에 멋이 있음을 높이 평가해야 하겠다. 밤의 한 중간을 허리로 표현한 놀라운 솜씨라든지, 따수한 이불을 불러 "춘풍 이불"이라 표현한 것은 동서고금을 막론하고 전무후무한 진랑만이 쓸 수 있는 멋진 창작어가 아니고 무엇이랴?

춘풍 이불! 얼마나 멋진 표현이냐? 임과 단 두 사람만이 덮는 따스한 원앙금의 모든 생리가 이 한마디의 말 속에 온통 응결되어 멋을 부리고 있지 않는가? 뿐만 아니라, 종장의 '밤이여드란'의 '여드란'이란 말의 멋있는 어감, '서리서리', '구비구비'가 주는 말할 수 없는 뉘앙스! 참으로 멋진 진랑의 몸매가 그대로 문자로 화하였다.

이밖에도 종보(宗寶) 벽계수의 전설과 함께 전해지는 "청산리 벽계수야" 운운의 시조라든지, 역시 소양곡을 그리며 읊었다는 "내 언제 신(信)이 업서" 운운의 작품들도 그 멋에 있어서는 타인의 추종을 허(許)하지 않는 가작(佳作)들이나 그의 시조는 이 정도로써 끝을 맺고, 다음에 그가 남긴 「반월(半月)」이란 한시 한 편을 소개하여 그 뛰어난 감성과 재치 있는 기교를 음미해 보자.

> 誰斲崑山玉
> 裁成織女梳
> 牽牛一別後
> 愁擲碧空盃

> 누구서 곤륜산의 옥돌을 깎아
> 직녀라 얼레빗을 만들었는고
> 임 여인 설운 마음 달랠 길 없어
> 시름으로 던졌구나 저 빈 하늘에

얼마나 뛰어난 감각이냐? 반달을 빗으로 비유한 점, 참으로 멋진 표현이다.

황진이에 관한 허다한 삽화 중, 풍류남아 임백호(林白湖)에 대한 멋있는 이야기가 있으니, 백호는 선조 때 사람으로 「화사(花史)」, 「수성지(愁城誌)」 등 작품을 남긴 유명

한 문사로서 벼슬에 뜻을 두지 않고 명산대천에 놀기를 즐기던 인물이었다. 한 번은 평안감사(?)가 되어 부임하는 도중 송도(松都)를 지나다가 장단에 있는 황진이의 무덤을 찾고 이미 백골이 된 진랑과 대작을 하며 인생무상을 노래하다가 이것이 탄로 되어 임지까지 가보지도 못하고 도중에서 면직을 당한 일까지 있었다는데, 그때 불렀다는 문제의 시조는 다음과 같다.

청초 우거진 고레 자는다 누엇는다
홍안은 어듸 두고 백골만 무쳤는다
잔 잡아 권홀 이 업스니 그를 슬허 하노라

이 또 얼마나 멋있는 노래이냐? 이미 죽어 백골로 묻힌 진랑과 하루 종일 대작을 했다는 ─ 한 잔은 쳐서 진랑의 무덤에 붓고, 한 잔은 쳐서 제가 마시고 이렇게 하기를 수십 배, 드디어 하루를 바기 진랑의 무덤 앞에서 보냈다고 하니 백호야말로 얼마나 멋이 있는 사람이냐? 만약 백호와 진랑이 시대를 함께 했다면 풍류를 즐기던 이 두 재자가인(才子佳人)은 응당 서로 지기(志氣)가 맞았을 것이며 그러매로 후세에 남긴 바 멋있는 이야기가 한둘이 아니었으리라.

　백호도 이것을 느꼈으매 진랑의 무덤을 찾고 인생무상을 슬퍼하여 이 노래를 부른 것이 아닐까?

　　북천(北天)이 몱다커늘 우장(雨裝) 업시 길흘 나니
　　산에는 눈이 오고 들에는 찬비 온다
　　오늘은 찬비 마잣시니 어러 잘가 ᄒ노라

　이 시조는 또 당대의 명기 한우(寒雨)의 집을 찾고 읊은 백호의 노래이다. 여기에 나오는 '찬비'는 한우를 비유한 것이니, 지기상합(志氣相合)하여 매양 함께 즐기던 임의 집을 찾고 이런 멋있는 노래를 읊은 백호의 멋이 그야말로 얼마나 멋있느냐?

　　어이 어러 자리 무ᄉ 일 어러 자리
　　원앙침 비취금을 어듸 두고 어러 자리
　　오늘은 찬비 마잣시니 녹여 잘가 ᄒ노라

　이것이 백호의 노래에 화답한 한우의 시조이다. 방문을 방시시 열고 생긋 웃고 임을 찾아 들이며 목청도 고웁게 한 가락 뽑는 한우의 고 예쁜 자태가 눈에 보는 듯 선하지 않는가? 그들은 매양 이렇게 서로 터놓고 지내는 사랑하는 사이에서도 멋을 부렸나 보다.

이렇게 쓰다 보니 정작 쓰려고 하던 '물아일체(物我一體)'의 경지와 '안빈낙도'의 사상을 읊은 작품에 대하여 언급할 지면이 없어졌구나. 그렇다고 이에 대하여 전연 말하지 않을 수 없으므로 이런 종류의 시조 중에서 몇 편을 예로 들어 우리 선민(先民)들의 자연 속에서 노닐던 모습을 찾아보기로 하자.

십 년을 경영(經營)하야 초가 한 간 지어내니
반간은 청풍(淸風)이요 반간은 명월(明月)이라
강산은 들일 데 업스니 둘러두고 보리라

이 시조는 남도가풍(南道歌風)의 창시자인 면앙정 송순의 작품이다. 아름다운 강산이 병풍처럼 둘러 있는 경치 좋은 곳에 조촐한 한 간 모옥(茅屋)을 짓고 청풍명월을 벗삼아 유유자적하는 물아일체의 멋을 읊은 가작이다. 단간방을 청평명월이 찾아와서 온통 차지하고 말았으니 내가 가장 좋아하는 저 강산은 들일 곳이 없어 부득이 사방에 둘러두고 바라보며 살아야겠다는 표현의 멋, 자연과 시인의 뛰어난 솜씨가 구김살 없이 나타나 있다.

다음은 죽소(竹所) 김광욱(金光煜)의 「율리유곡(栗里遺曲)」 중의 일 수,

   공명도 니젓노라 빈부도 니젓노라
   세상 번우(煩憂)흔 일을 모도 다 니젓노라
   내 몸을 내마자 니즈니 놈이 아니 니즈랴

공명이니, 부귀이니 하는 현실세상의 모든 귀찮음에서 벗어나서 자기 자신마저 잊어버리고 오로지 자연 속에 묻혀 사는 고고(孤高)의 정신을 읊은 산림학파의 전형적 멋이 여실히 표현되어 있는 수작이다.

   믈이 놀라거늘 혁잡고 굽어보니
   금수청산(錦繡靑山)이 믈 속에 잠겻세라
   저 믈아 놀나지 마라 이를 보려 ᄒ노라

역시 물아일체의 경지를 읊은 작자 불명의 시조로서, 속세를 떠나 대자연의 아름다운 풍광을 완상하고 다니는

은일군자의 멋이 약여(躍如)하는 작품이다. 특히 이 작품의 종장 첫 구의 "저 말아"의 한 마디! 참으로 신운(神韻)이 출동하는 수법이 아니고 무엇이냐? 자기가 타고 있는 말인데도 불구하고 그것은 까맣게 잊어버리고 오직 물속에 비쳐 있는 말만을 보았기에 "이 말아"로 하지 않고 "저 말아"로 했을 것이니 이 한마디 말로써 망아(忘我)의 경지가 여실히 표현되었다고 하겠다. 그러므로 이 한마디 말이야말로 저 누구의 어투를 빌지 않더라도 '천래(天來)의 기어(奇語)'이며 '대불(大佛)의 개안(開眼)'임이 분명하다.

짚 방석 내지 마라 낙엽엔들 못 안즈랴
솔불 혀지 마라 어제 진 들 도다온다
아희야 박주간챌(薄酒山菜)망뎡 업다 말고 내여라

석봉 한호의 작이라고 전해 오는 이 시조 역시 물아일체와 안빈낙도의 경지를 읊은 멋있는 작품이다. 그렇다! 방석은 내어 무엇하며 등불은 켜서 무엇하랴? 낙엽이면 족하고 명월이면 그만이니, 뜻맞은 벗이 찾아 온 이 밤에 박주산채일망정 슬카장 마시며 즐겨보자는 석봉의 풍류 참으로 예술가의 체취가 풍기는 멋있는 작품이다.

이밖에도 우리 선민들의 멋이 담겨 있는 작품이 한없이 많으나 이미 지정된 매수도 넘었으므로 우선 여기서 이 글을 일단 끝맺기로 하고 결론을 대신하여 다음 한 편의 시조를 더 첨가해 둔다.

　　오늘도 좋은 날이 이곳도 좋은 곳이
　　좋은 날 좋은 곳에 좋은 사람 만나 있어
　　좋은 술 좋은 안주에 좋이 놀며 좋애라

써놓고 보니 용두사미가 되었으며 불충분한 글이 되고 말았다. 많은 자료를 가지고 좀 더 광범하게 고찰함이 옳겠으나 그런 재간도 없고, 더구나 그럴 시간도 없었다. 원래 이 붓을 들게 된 것이 무슨 체계적인 연구의 발표를 하려는 것이 목적이 아니요, 거저 우리 고전문학을 아는 한도 내에서 살펴보고 그 속에서 우리 선민들의 멋을 찾아보면 그만이다. 불충분하나마 나는 우리 고전문학에 담겨 있는 이 멋을 대략 살펴보았다고 생각한다. 물론 이것 역시 내 주관적인 해석에 의한 것이므로 잘못된 점이 한없이 많으리라고 생각하여 자괴도 하여 본다.

그리고 또 이 글은 무슨 논문과 같은 그런 형식에 의하여 쓴 것도 아니다. 거저 붓 가는 대로, 생각나는 대로 쓴 글이기에 어디서 끊어도 관계없겠으므로 여기서 일단 끊어 보기로 하였다. 망언다사(妄言多謝).[20]

---

20) 『경남여고』 9호, 경남여자고등학교 문예부, 1965.

제4부

풀이

무궁화 시인 조순규의 삶과 시조

무궁화 시인 조순규의 삶과 시조

박 태 일

1. 들머리

1920년대 시 담론은 아직까지 많은 자리가 비어 있다. 1910년대 요란스러운 신시 논의를 거쳐 1920년대 후반 계급시와 1930년대 언어주의 시로 넘어가는 과정에서 듬성듬성 이루어진 까닭이다. 그런 사정은 앞으로 더하면 더했지 나아질 기미는 없다. 왜냐하면 세월의 갈피가 두터워질수록 그나마 남아 있었던 기록과 기억조차 더욱 빠르게 묻힐 것이 뻔하기 때문이다. 시간의 골짜기에 가라앉고 떠오르는 것이 역사라고는 하나, 뜻 있는 삶과 넋조차 죄 잊히는 일은 안타깝다. 뒤늦었음에도 그들을 찾고 뜻을 따져 드는 일이 그치지 않기만을 바랄 따름이다.

그런 점에서 '근포(槿圃)'라는 호를 쓴 두 시인을 1920년대 문학사회에서 만날 수 있음은 뜻이 새삼스럽다. 근포란 곧 무궁화 밭이다. 그것을 세상에 내세우는 이름으로 삼았으니, 그들이 지닌 배포가 어떠했을까를 짐작하기란 어렵지 않다. 그 둘 가운데 한 사람이 신태악(辛泰嶽)이다. 1921년에 나왔던『장미촌』1집 동인이다. 그는 1902년 함경북도에서 태어나 섬나라 중앙대학교를 졸업한 '청년명망가'[21]였다. 육당이 1924년에 냈던『시대일보』정치부 기자로 일했고,『조선일보』취제역을 맡기도 했다.[22] 1920년대 흔했던 언론계 문인 가운데 한 사람이었던 셈이다.『학지광』・『개벽』에 글을 선뵀으나 뒷날까지 두드러진 활동을 보여주지 않았다. 다른『장미촌』동인인 노춘성・박영희・박종화・변영로・황석우들과 달리 관심 바깥으로 밀려나 버린 까닭이다.

다른 근포는 신태악보다 여섯 해 뒤인 1908년 경상남도 울산에서 태어난 조순규(趙焞奎)다. 그 또한 신태악과 마찬가지로 드러난 문학 활동은 소략했다. 1920년대와 1930년대 초반 짧은 시기,『조선일보』에 여러 차례 시와 시조를

---

21)『장미촌』1집, 장미촌사, 1921, 23쪽.
22) 그에 대한 구체적인 언급은 이제껏 조영복에서 한차례 이루어졌을 따름이다. 조영복,「『장미촌』의 비전문 문인들의 성격과 시 사상」,『1920년대 초기시의 이념과 미학』, 소명출판, 203~247쪽.

선비였을 뿐 아는 이가 거의 없다. 다만 오래도록 교사로 일했던 경남·부산지역 교육계에서 배운 제자나 드물게 기억할 따름이다. 그런데 조용한 교사로 평생을 보낸 것처럼 보이는 그임에도 살아온 궤적은 예사롭지가 않다. 1920년대 후반부터 1930년대에 걸친 20대 젊은 나이에 농촌 청년 지도자로 활동하다 왜로(倭虜) 경찰에 붙잡혀 1년에 걸친 투옥을 당했다. 그가 밤배움에서 가르쳤던 젊은이 가운데 광복 뒤 지역 빨치산으로 자란 경우도 있었다. 1950년 전쟁기에는 그들과 엮이어 공산주의자로 몰려 다시 1년에 걸친 옥고를 겪었다. 게다가 그는 1920년 시조로 시작했던 문학 사랑을 평생 놓지 않았다. 그와 친교를 나누었던 김정한·유치환·김상옥·이영도와 같은 이가 호사를 누리는 과정에서도 그는 이름을 묻고 살았다. 다행히 그가 펴낼 수 있기를 바라며 간직하고 다듬었던 육필 시조집 『계륵집(鷄肋集)』을 비롯한 유저가 세상 파고에 쓸려 가지 않고 남아 뒤늦게나마 그의 삶과 문학을 엿보게 한다. 이 글로 말미암아 1920년대부터 1994년 86살 임종 때까지 예순 해 가까이 무궁화 꽃밭을 가꾸듯 시조를 껴안고 살다간 근포 조순규를 세상에 되돌려 놓을 수 있기 바란다.

2. 반투명의 역사, 그 너머 불빛 조순규

근포 조순규는 1908년 3월 26일(음력) 경상남도 울산에서 태어났다. 본관은 함안 조씨. 참의공파로 일찍부터 울산 지역에 터를 두고 살았던 집안이다. 아버지 조성돈은 1920년대까지 울산에서 교사를 지냈다. 근포는 1919년 11살에 아버지가 교사로 일하고 있었던 울산공립보통학교(현재 울산초등학교)에 입학하였다. 그러나 입학이 늦었던 만큼 월반을 하여 입학 4년만인 1923년(15살)에 그곳을 졸업했다. 1921년 아버지가 웅촌공립보통학교 설립 때 교사로 옮겨왔다 퇴임 뒤에도 그곳에 머물러 앉았다. 본적지는 웅촌면 대대리 1324번지.

1923년 근포는 부산 동래에 있는 동래고등보통학교에 입학했다. 뒷날 의사 시인으로 서울에서 민중 의술을 펼치다 일찍 세상을 뜬 김해 시인 포백 김대봉[23]과 소설가 요산 김정한이 동기였다. 그리고 한 학년 위에는 뒷날 같이 부산 교육계에서 일했던 유치환, 시조와 어린이문학에서 활발한 활동을 했던 소정 서정봉이 네 해 선배로 공

---

[23] 그의 삶과 작품은 한정호가 한차례 갈무리했다. 한정호 엮음, 『포백 김대봉 전집』, 세종출판사, 2005.

부를 하고 있었다. 이 가운데서 김정한·유치환과는 절친하게 친교를 나누었는데 그 싹이 동래 망월대 아래 동래고교 교정에서부터 이루어졌다.

1926년 5월, 근포는 동래고보 4학년 동기생 30명과 함께 8일에 걸친 섬나라 수학여행을 떠났다. 부산에서 배편으로 구주·대판·경도를 돌아보고 오는 가슴 뛰는 첫 나라 바깥 나들이였다. 그러나 열여덟 살 젊은이가 부산과 하관을 오가는 배 안에서 맞닥뜨린 현실은 고스란히 피식민지의 질곡 그대로였다.

나는 잠이 오지 아니 하기에 실내를 한 번 둘러보았다. 거기서는 가련한 우리 동포의 승객이 반 이상을 차지하고 있었다. 그들은 모두 순진한 농민으로써 먹을 것이 없고 입을 것이 없어서 몰래 쫓기다가 결국은 정든 고향과 사랑하는 부모 형제를 떠나서 인정과 풍속이 다른 저 일본 땅으로 생도(生道)를 찾아가는 길이다. 일본의 노동시장으로 그들 유일의 상품인 노동력을 팔러 조선(祖先) 대대로 지어오던 농토를 버리고 고향을 떠나는 그들! 오호! 그들을 볼 때 나의 마음은 한없이 괴롭고 쓰라리었다! ××자인 나로써도 이다지 서러여 울 때야 당자인 그네들 마음이야 어떻다 하랴? 몇 번이나 몇 번이나 멀어져 가는 고

국산천을 바라보고 울었으며 무정한 이 사회를 저주했으랴?!24)

　비분강개하는 근포의 모습이 눈에 선하다. 피식민지 우리 현실에 대한 이해와 자각이 분명하다. 살길을 찾아 남의 나라로 떠나는 이들 모습이야말로 그가 아침저녁으로 만나는 고향 이웃이오, 내 가족의 다른 모습이었다. 섬나라 여행을 빌려 피식민지 젊은이로서 지니게 된 타자의식이 더욱 굳어졌을 것임을 알게 하는 대목이다. 학창 시절 경상도를 포함해 나라 이곳저곳을 틈틈이 다니며 우리 농민의 민요 채록에 공을 들인 데서 한 걸음 더 민족 현실로 다가설 수 있었던 계기였다.

　1927년 동래고보 5학년 근포는 다시 동기생과 더불어 11일에 걸친 두 번째 나라 바깥 나들이, 만주 졸업여행을 떠났다. 부산에서 기차를 타고 서울과 평양을 거쳐 남만주 무순과 대련, 그리고 심양까지 올라갔다 내려오는 걸음에 평양과 서울 도심까지 살필 수 있었다. 그리고 그해 9월, 『조선일보』 15일자 '학생문예'란에 첫 시조 「하추잡음(夏秋雜吟)」을 실으면서 동래고보 학생문사로서 활동하

---

24) 조순규, 『잡초록(雜草錄)』(육필 산문집), 자가본, 3~4쪽.

기 시작했다. 그런 가운데 가난한 집안 무남독녀로 동래 일신여학교(현 동래여고)에 재학 중이었던 18세 소녀를 가을부터 만나 첫 사랑을 나누기 시작했다. 그녀는 조순규를 따르는 동지로 장차 '조선의 로사'(로자룩셈부르그)가 되기를 원했다. 근포도 그녀를 '로사'라 부르면서 사랑을 키워나갔다. 아울러 『조선일보』를 빌린 시조와 시 발표를 거듭했다.

1928년부터 근포 작품은 학생문예가 아니라, 일반 면에 실리기 시작했다. 2월에 발표한 「봉래유가(蓬萊遊歌)」 연시조 7마리가 처음이었다. 8월 동래고보 5회로 졸업한 근포는 섬나라 대학으로 미술 공부를 하러 떠나고 싶었다. 사흘 동안 아버지에게 유학 허락을 받고자 했음에도 뜻을 이루지 못했다. 근포는 울산 웅촌으로 내려가 고향살이를 시작했다. 농사를 거들며 밤배움 활동을 벌이고, 지식 청년으로서 울산 지역 농민조합 활동에 나섰다. 이 무렵부터 한자 이름 규(奎)자를 바꾸어 쓰기 시작했다. 10월 자유시 「새벽이여」를 『조선일보』 5일자에 실으면서 규(叫)로 적었다. 그 뒤부터 '叫'와 뒤섞어 썼다. '叫'와 '叫'는 모양만 다르고 뜻은 같다. 부르짖다, 훤칠하다, 이치에 맞지 않다는 뜻이 다 들었으나 조순규는 부르짖다는 뜻으로 그들을 쓴 것이다. 이 시기 계급주의 사상 학습과 조직 훈련까지 거친 그로서는 보다 단련된 자신의 모습을 이름자로 드러내고자 했다. '따'자나 '啊'자 이름으로 올린 『조선일보』 발표 작품들25)에서 노골적으로 민족의식이 드러나는 것은 당연한 일이었다.

그러나 그러한 발표 활동과 지역 농조 활동이 빌미가 되어, 그는 왜로 경찰에 중점 감시 대상자 가운데 한 사람으로 낙인이 찍혔다. 왜로는 1928년 가을 마침내 친구들과 오갔던 편지 내용의 불온성을 문제 삼아 그를 치안유지법으로 잡아 가두었다. 동래군 기장면 김동득들을 포함한 여러 동지와 함께 겪은 일이었다. 동래경찰서로 잡혀갔던 근포는 거기서 판결이 나기 앞까지 1년에 걸친 옥살이를 시작했다. 이때 연인 로사가 등교하는 길마다 유치장 밖에 서서 그를 걱정하기도 했다. 1929년 11월 그에 대한 판결이 부산지방법원에서 이루어졌다. 검사가 1년 6월을 구형했으나 무죄 언도를 받고 옥문을 나올 수 있었다. 감

---

25) 근포는 『조선일보』에 시조 7편을 비롯해 모두 12편을 발표했다. 그것을 죄 들면 아래와 같다. 「하추잡음」, 1927. 9. 15. 「가을밤」, 1927. 10. 28. 「죽엄」·「비밀」, 1927. 11. 18, 「눈물이라도」, 1927. 11. 18. 「봉래유가」, 1928. 2. 7. 「새벽이여」(자유시), 1928. 10. 5. 「발자국」(자유시), 1928. 10. 6. 「별」(동요), 1928. 10. 28. 「가을잡영(자유시)」, 1928. 11. 28. 「갈보청─머슴들의 노래」(민요시)·「님생각」(민요시), 1930. 1. 18.

옥에서 겪었던 민족적 수모와 고문, 그리고 고통스러웠던 심사는 평생 근포를 짓누를 만한 것이었다. 출옥 뒤 근포는 자신이 간수했던 모든 책의 272쪽, 곧 자신이 입었던 수의 번호 272번 자리마다 인장을 찍어 그 일을 두고두고 잊지 않고자 했다. 그의 무죄 출옥 사실은 당시『중외일보』와 『동아일보』[26]가 빠트리지 않고 다루었다.

다시 고향으로 돌아온 아들을 두고 집안에서는 가정을 꾸미도록 서둘렀다. 1930년 1월 근포는 울산 온양면 해주 오 씨가 처녀였던 동갑 오모순과 혼례를 올렸다. 이미 첫사랑 로사도 학생 동맹 활동으로 퇴학을 당하고 난 뒤였다. 혼인 이듬해 1931년 첫아들 용문을 얻었다. 그리고 6월에는 동래고보 시절 전국을 돌며 채록하거나 문헌에서 가려 뽑아 두었던 민요 400편 남짓을 묶어 '구전요집'『무궁화』라는 이름으로 자가본을 엮었다. 이때 내는 곳을 '근

---

[26]「만 일 년을 끌던 趙金兩청년의 공판, 결국 무죄를 언도, 칠일 부산지방법원에서」,『중외일보』, 1929. 11. 10.「親友間 私信이 不穩하다 하여 治安」, 親友間 私信이 不穩하다 하여 治安維持法 違反으로 起訴된 東萊高普生 趙順奎와 金東得에 대한 公判이 釜山地方法院에서 開廷되었는데 檢事의 懲役 1年6月 求刑에 대해 無罪가 言渡되다.『東亞日報』1929. 11. 10. 기사에서는 동래고보생으로 적혀 있으나, 이미 졸업한 뒤여서 사실과 다르다. 그리고 기사와 달리 김동득은 동래고보생이 아니었다. 동래군 기장에서 농촌 활동을 하고 있었던 다른 청년 지도자로 보인다. 이 일은 뒷날 지역에서도 다루어진 적이 없이 묻혀 있었다. 편찬위원회 엮음,『울산광역시사 1』(역사편), 울산광역시사편찬위원회, 2002, 편찬위원회 엮음,『동래고등학교백년사』, 동래고등학교동창회, 2002.

포서사(圃書舍)'라 이름 붙여, 장차 호가 된 '근포'를 처음으로 적는 본보기를 보였다. 그러면서 서울과 지역 『울산농보(蔚山農報)』와 같은 매체에 간간히 동화·수필을 투고, 발표하기도 했다. 스스로 우리의 8할을 차지하고 있었던 무산계급 문맹 농민을 위한 밤배움과 조합 활동에 노심초사했던 시기였다. 그런 가운데 근포에게 큰 슬픔이 찾아들었다.

> 한분만 여의어도 설워 설워 울겠거늘
> 하물며 두 어버이 모두 여읜 설움이야
> 남 불러 고애자(孤哀子)라니 더욱 원통하오이다
>
> 아버지 여읜 설움 눈물도 채 안 말라서
> 오호 울 어머니 이리 속히 여읠 줄야
> 꿈에나 생각했으랴 진정 꿈만 같사외다
>
> ―「사친애곡(思親哀曲)」 가운데서

1933년 아버지를 지병으로 보내고, 다시 1936년 어머니마저 여읜 근포였다. 28살 젊은 나이에 고아가 된 채 한 집안을 떠맡게 되었다. 큰집과 대가족을 이루어 가까이 살고 있었음에도 그 짐은 근포를 여러 가지로 짓눌렀을 것이다. 그런 가운데 그는 시대의 파고를 어렵사리 타고 넘었다. 1940년부터 시작된 이른바 조선총독부의 국민총력운동 막바지인 1945년 1월부터 면장직을 맡았다. 37살, 당시 지역 활동 내력이나 지식 정도, 지명도로 보아 웅촌면으로서는 알맞은 선정이었던 셈이다. 그리고 1945년 을유광복 뒤에도 면장직을 계속해, 첫 민선 면장 직책으로 이어졌다. 광복 이전 그의 공직 생활이 세상인심과 어긋나지 않았고, 지역민을 해코지하며 개인 이익을 탐하는 부왜 활동에서 자유로웠던 탓이었을 것이다. 그럼에도 짧은 시기 왜로 하수인으로 일했던 과거를 근포는 부끄럽게 생각했다.

면장직을 그만 두고 근포는 부산으로 내려갔다. 1949년 10월부터 모교 동래중학교(오늘날 동래고등학교)로 일터를 옮긴 것이다. 41살에 늦게 시작한 교직 생활이었다. 교사 경력이 없어 처음에는 강사로 일할 수밖에 없었다. 그럼에도 그에게 국어 과목과 함께 교무부장 일을 맡긴 것은 그의 능력을 높이 산 까닭이었다. 근포는 문예반을 맡아 교우지 『푸르가토리오』(『群蜂』 전신) 편집을 지도하고 거기에 작품을 실었다. 당시 동래중학교에는 광복 초기

서울 배재중학교 교사로 일하면서 좌파 문학 활동에 깊숙이 몸담고 있다가 월북하지 않고 부산에 내려와 있었던 향파 이주홍이 교사로 일했다. 뒷날 시인이 된 장세호와 김규태는 학생으로 걸상을 지켰다.

그러나 안정적이었던 교사 생활도 잠시, 동족상잔의 전쟁 소용돌이 가운데였던 1951년 8월 여름 방학을 틈타 잠시 고향 집으로 내려갔던 그를 경찰이 기다리고 있었다. 광복 이전 밤배움에서 가르쳤던 제자가 광복기 지역 좌파 활동을 하다 마침내 유격대로, 빨치산으로 치닫기도 했다. 그들이 전쟁 이전, 근포에게 소 판 돈이 있음을 알고 찾아왔을 때 가족 모르게 그들에게 돈을 쥐어 보냈던 적이 있었다. 경찰에 잡히자 배후로 근포의 이름을 들먹인 것이다. 울산경찰서에서 김일성을 따르는 공산주의자임을 실토하라는 거친 고문을 겪었지만 근포는 요령껏 버텨, 요행히 가혹한 처벌은 벗어날 수 있었다. 군경의 위세가 하늘에 닿았던 시절이었다. 부산경찰서로 옮겨가 무죄 처분을 받아 나올 때까지 1년에 걸친 고초였다. 그로서는 1928년 가을 20대 청년 지도자로서 왜로 경찰에 의해 굴욕을 겪었던 데 이어, 다시 40대에 그 일을 되겪었다.

강사로 시작한 그의 교직 생활은 1951년 11월 동래중학교 겸 동래고등학교 준교사로 직급이 높아졌다. 1952년 8월에는 다시 임시교사로 임명되었다. 그런 가운데서 1953년 1월 전쟁기 부산에서 황산 고두동이 냈던 우리나라 첫 시조 문예지『시조연구』창간호에 시조『하늘』을 실었다.27) 그로서는 광복 뒤 교지가 아닌 공개 문예지에 작품을 실은 첫 일이었다.『시조연구』가 더 나오지 못하자 근포는 부산에서 문학 매체에 작품 발표할 기회를 닫았다. 1955년 4월에야 근포는 비로소 교사로 발령을 받았다. 47살, 바깥 문단을 기웃거리지 않은 채 가끔 학교 교지에 작품을 발표하는 것이 모두였던 나날이었다.

그가 10년에 걸친 동래고 생활을 접고 경남여고로 옮겨간 해는 1959년이었다. 그곳에는 시조 시인 김상옥, 시인 조순이 같은 국어과에서 일하고 있었다. 게다가 얼마 있지 않아 동래고보 선배 유치환이 교장으로 옮겨 옴으로써 훨씬 문학적인 분위기를 누리며 두 번째 학교생활을 이을 수 있었다. 모처럼 1962년『동아일보』의 동아시

---

27)『시조연구』창간호에는 이병기·이희승·이주환·정병욱·이태극·고두동의 평론과 한샘·이병기·이호우·이희승·장응두·이영도·박재삼·서정봉 들이 근포와 함께 시조 작품을 실었다. 그리고 학생현상모집으로 동래고 학생들 작품이 올랐는데 근포가 주선했다.

조 난에 「바다」를 발표한 일도 이 무렵이었다.

정년을 앞두고 근포는 몇 차례 급하게 학교를 옮겨 다녔다. 1968년 부산원예고등학교를 시작으로, 1970년 부산공업중학교, 이어서 1972년 4월에는 부산실업고등학교로 자리를 바꾸었다. 이미 원로 교사로 당시 입시 중심으로 치닫고 있었던 고교 교육과 관련이 옅었던 곳으로 옮겼던 듯싶다. 1973년 근포는 부산실업고등학교에서 25년 3월에 걸친 교직 생활을 마무리했다. 그 사이 부산지역 문학사회는 급격히 바뀌어가고 있었으나, 그는 그 안에서 새삼스럽게 활동하려 하지 않았다. 이미 뒤 세대가 좌지우지하는 곳에서 그가 드나들 자리는 처음부터 없었다.

퇴임 뒤, 근포는 이름 없는 야인으로서 부산 동래와 고향 울산을 오르내리며 1980년대와 1990년대를 거쳤다. 손자가 쑥쑥 자라는 것을 지켜보면서 여느 할아버지와 마찬가지 여생을 누리는 듯했다. 그러나 그의 만년은 불행했다. 1986년부터 자녀들을 잇달아 잃는 큰 슬픔을 겪은 것이다. 딸 숙자를 시작으로 1987년에는 자신과 마찬가지로 동래고를 나오고 모교에서 국어 교사로 일하기도 했던 맏아들 용문을 잃었다. 그 이듬해 1988년에는 다시 둘째아들 용관을 잃고, 1993년에는 셋째 아들 용우마저 저 세상으로 보냈다. 어버이 근포로서는 참을 수 없을 비통이었다. 짧은 몇 해에 걸쳐 차례로 자녀를 먼저 앞세우는 슬픔을 무엇에 견줄 수 있었으랴. 그리고 1994년에는 마침내 자신도 세상을 떴다. 처음에는 고향 선산에 묻혔다가 부산 영락공원으로 음택을 옮겼다. 유족으로는 딸 명자·숙희와 친손 승제·광제·경제·홍제 4남이 있어 그나마 다복한 삶을 꾸리고 있다. 각별히 손자 광제·경제가 동래고를 졸업해 할아버지 때부터 삼대가 특정 고교와 내리 학연을 맺은 유다른 집안 내력을 지닌 셈이다.[28]

오늘날 경남·부산 문학사회에서 그를 기억하는 이는 거의 없다. 근포가 20대 열혈 나이에 농촌 지도자로서 한 삶을 불사르겠다며 열정을 태우다 옥고를 치른 일도, 공산주의자로 의심을 받아 옥고를 되풀이 겪은 일도 아는 이가 없다. 문학사회에 이름을 내걸고 나다니려 했다면 얼마든지 가능했을 자리와 연결망을 지니고 있었던 그다. 그럼에도 근포는 둘레 적지 않은 명망 문인과 조용히 친교를 나누며 문학을 즐겼을 따름이다. 여름 폭염처럼 타오르는 무궁

---

[28] 근포 조순규 집안은 유독 동래고등학교 졸업생을 많이 두었다. 먼저 근포 직계에 장남 용문(28회), 손자 광제(58회), 큰집 조카 용복(29회), 용림(32회), 장조카사위 박시봉(16회), 그의 아들 박종기(49회), 둘째 조카사위 김성근(17회)과 그 아들 김진성(48회), 셋째 조카사위 이수훈(29회), 큰집 장손 조영제(49회)가 그들이다.

화 꽃빛의 열정과 의기를 누르면서 그는 무명 교사로, 무명 시조 시인으로 한 삶을 뉘었다. 그 흔한 시집 한 권 남기지 못한 그였다. 그러나 자신이 틈틈이 마흔 해를 넘게 썼던 작품을 1961년대부터 책상 가까이 두고 손질을 하면서 장차 한 권으로 내고자 하는 꿈만은 버리지 않았다. 육필 시조집 『계륵집』 한 권이 그렇게 남을 수 있었다. 거기에 실린 시조 76편이야말로 근포의 삶과 시조 사랑을 아낌없이 웅변한다. 게다가 1920대부터 『조선일보』에 실었던 시와 시조 12편, 그리고 틈틈이 학교 교지에 발표한 글29)들 또한 그의 자취를 엿보게 한다. 아버지 사후 애끓는 부정을 품어안은 듯 딸 명자가 간직해 온 육필 민요집 『무궁화』에다 산문집 『잡초록』이 남게 된 일도 천행이라 하겠다.

---

29) 『조선일보』에 실렸던 12편 말고, 『계륵집』에 실리지 않은 근포의 시조는 「지연(紙鳶)」과 「을미제일음(乙未除日吟)」(『군봉』 5집, 동래고등학교 문예부, 1956)과 딸 명자가 기억하고 있었던 「무궁화」 세 편이 있다. 다른 『군봉』이나 『시조연구』, 『동아일보』에 발표한 나머지 시조는 모두 『계륵집』에 실린 것으로 조금씩 손질이 이루어졌다. 평론 세 편은 교지에 발표하였다. 「시조 형식에 대한 소고」, 『군봉』 4집, 동래고문예부, 1954. 「내가 수집한 「영남이앙가(嶺南移秧歌)」 소고(小考)」, 『군봉』 5호, 동래고문예부, 1956. 「우리 고전문학에서 찾을 수 있는 멋」, 『경남여고』 9호, 경남여고, 1965. 이렇게 볼 때 오늘날 근포의 작품 가운데 시조는 『조선일보』 7편, 『계륵집』 시조 76편, 교지 발표 2편을 포함해 모두 85편을 확인할 수 있다. 그리고 거기에 평론 세 편을 포함해, 한역시와 육필 민요집 『무궁화』, 육필 산문집 『잡초록』이 더한다.

3. 1920년대 초기시의 꿈과 민족의식

근포가 처음으로 지면에 올린 작품은 「하추잡음(夏秋雜吟)」이다. 1927년 9월 『조선일보』 '학생문예' 자리였다. 이 작품은 세 가지 점에서 뜻이 적지 않다. 첫째, 그가 마음에 새겼던 '무궁화' 표상이 드러난다. 둘째, 문학 창작 초기부터 시조를 선택했다는 사실이다. 셋째, 비록 우의적 맥락이지만 당대 우리 겨레 구성원이 지녔을 현실 의식을 일찌감치 갖추고 있었다. 이러한 세 가지는 평생 그가 올곧게 간직하고 가꾸고자 했던 바인데, 이미 첫 작품부터 그 본을 제대로 보인 셈이다.

아츰해 마지하며
무궁화 피엿세라
자지ㅅ빛 그 얼골에
우숨은 쒸엇건만
지난날 설은 생각에
눈물 겨워 하노라

(… 줄임 …)

쌔앗긴 이 쌍에도

　　제 살곳이 잇나 하고

　　강남(江南)서 차저 왓던 정(情)이 깁흔 저 제비를

　　아츰 저녁 서늘바람에

　　고향(故鄕) 그려 하노라

　　　　　　　　　　　　　―「하추잡음(夏秋雜吟)」 가운데서30)

　스물한 살 동래고보의 학생문사 조순규가 놓인 조숙한 자리를 잘 드러낸다. 아침에 핀 '무궁화'가 "지난날 설은 생각에/눈물겨워"한다 했으니, 단순한 경물로 무궁화를 다루지 않았음이 분명하다. 게다가 "강남서 차저 왓던" '제비'가 머물 이 땅을 두고 "쌔앗긴 이 쌍에도"라 뚜렷하게 적었다. 빼앗긴 땅에서 눈물겨워 하고 있는 무궁화가 무엇을 표상하는지는 금방 알 수 있는 일이다. 젊은이가 지닌 결기 이상의 용기와 믿음을 갖추지 않으면 들내기 힘든 겨레사랑을 조순규는 거침없이 밝혔다. 이러한 첫 발표에 이어 그는 활발한 작품 모색을 거듭했다.

---

30) 『조선일보』, 1927. 9. 15.

① 쓸 우에 썰어진 썩갈닙 주어

　살풋이 낫에다 대여 보앗더니

　사늘한 생각이 멀리로부터

　죽엄을 쓰을고 차저옵니다

　　　　　　　　　　　　　―「죽음」 가운데서31)

② 문허진 녯 성(城)터 동래(東萊)의 성(城)터

　이곳엔 얼마나 만은 충혼(忠魂)이

　무지한 칼날과 독(毒)한 화살에

　참혹히 피 흘리고 못치었는지

　붉은 나무와 흐터진 돌에나

　녯날의 일을 물어서 볼까

　　　　　―「봉래유가(蓬萊遊歌)」 가운데 「동래성(東萊城)」32)

---

31) 『조선일보』, 1927. 11. 18. 제목을 '동래유가'가 아니라, '봉래유가'라 붙인 점이 눈길을 끈다. 동래가 부산 지역을 대표하는 장소라는 자긍심을 담은 결과로 보인다. 근대 부산은 동래와 부산포로 나뉘어 도시화 과정을 밟아왔다. 오늘날 동래는 부산포에 수렴되어 버렸지만 그 뿌리는 동래였다. 동래란 이름은 이미 8세기 중엽 경덕왕 때부터 쓰였다. 따라서 땅이름의 유래를 예단하기는 쉽지 않다. 오늘날 눈길로 보자면 봉래란 신선이 산다고 알려진 산 이름이다. 따라서 동래라는 일컬음을 부산 지역 안쪽에서 보자면 오늘날 절영도인 봉래산의 동쪽에 있는 고을이란 뜻이다.
32) 『조선일보』, 1928. 2. 7.

①은 삶과 죽음을 향해 물음을 던지는 내면시다. 떨어지는 떡갈잎을 '살풋이' 얼굴에 대어 보는 행위나, 그로부터 이르게 된 "서늘한 생각"이 '죽음'이라 했다. '죽음'이라는 뭉뚱그린 표현을 쓰고 있으나 그것은 한 섬세한 젊은이가 가을을 맞아 겪는 우울한 내면임이 자명하다. 이어진 ②는 장소에 대한 앎이 뚜렷하다. 임진왜란 격전지로서 치욕스럽게 왜구의 "무지한 칼날과 독한 화살에/참혹히" 짓밟힌 「동래성(東萊城)」의 욕된 내력을 되새긴다. 자신이 머물고 있는 삶터에 대한 역사적 상상력이 제대로 꼴을 갖추었다. 온천욕을 위해 동래로 화려하게 드나드는 왜인들, 왜풍의 물살에 맞서고자 하는 피식민지 젊은이의 마음이 옹글었다. 근대 초기 부산에 대한 첫 장소시로 다루어질 작품이 「봉래유가」인 셈이다.

이런 가운데 다른 습작기 작품은 근포가 급격한 사상 변모와 단련을 거듭하고 있음을 보여 준다. 고보를 졸업하고 귀향해 쓴 시에서 그 점은 더욱 뚜렷하다. 울산 지역 농민조합 활동에 나서고 밤배움을 꾸려 가면서 지식인 농군으로서 분명한 사회의식 아래 투쟁 활동을 전개하기 시작할 무렵이다. 그 첫 각오가 이름자 '규(奎)'를 '叫'와 '叫'로 고쳐 내놓게 된 데서 볼 수 있다. 부르짖는

다는 말은 세상에 대해 할 말, 행할 일이 분명하다는 속내를 드러낸 표현이다. 근포의 민족의식이 농촌 현실을 겪으며 실체를 얻기 시작한 것이다.

① 한울엔 반작이든
별빗조차 비최이지 안는 이 쌍에
쉰힐 줄 모르며
굼틀거리는 그림자를 나는 보노라

쓸쓸한 밤거리에서
눈물 흘리며 비틀거름 치는 모든 무리여!
오호! 어듸로 가랴나
가도가도 암흑(暗黑)쑨인 이 쌍 우에서

새벽이여! 오소서!
갈 바 모르는 저들을 위(僞)하여……
광명(光明)을 싀을고 속히 오소서

— 「새벽이여」[33]

---

33) 『조선일보』, 1928. 10. 5. 趙純叫로 발표.

② 압삼이들의 남기고 간 자국이

　이 짱 우에 얼마나 삭혀 잇스랴

　내가 가만히 눈을 감고

　나의 나아갈 길을 생각하노라면

　그들의 남긴 발자국은

　암흑(暗黑)에서 광명(光明)으로 광명(光明)으로

　내 몸을 인도해 주네!

　벗들이여! 그대들도

　그 자국을 쌀흐지 안흐랴나

― 「발자국」[34)]

③ 오호! 저 감! 타는 듯이 새ㅅ밝안 저 감!

　벗들이여! 나는 저 감 보고 왼 종일 외치네

　……그대들의 염통에도 피가 쓸느냐?

― 「가을잡영(雜詠)」 가운데서[35)]

　①에서는 "반작이든/별빗조차 비최이지 안는 이 쌍"에서 그림자를 꿈틀거리며, "갈 바 모르는" 이들을 위해 '새

---

34) 『조선일보』, 1928. 11. 28. 趙純叫로 발표.
35) 『조선일보』, 1928. 11. 28. 趙純叫로 발표.

벽이여' 어서 오라는 드높은 염원을 담았다. 앞선 이들이 "남기고 간 자국"을 따라서 자신의 "나아갈 길을 생각"하며 벗들에게 더불어 "암흑에서 광명으로 광명으로" 힘차게 뜻을 같이 하자는 권유를 아끼지 않은 시가 ②다. 그러한 염원과 각오는 모든 것이 떨어지고 말라가는 가을에도, 지칠 줄 모르고 "타는 듯이 새빨간" 감과 같은 '염통'으로 옹글었다. 지역 청년 지도자로서 피식민 현실을 향한 깨달음과 그를 향해 나아갈 자신의 길, 동지들과 이루고자 한 연대감을 솔직하게 내보인 작품들이다.

그런데 자신의 민족의식과 계몽 투쟁의 포부를 숨기지 않았던 태도는 근포를 금방 왜로 감시망 안에 들게 했다. 고통스러웠던 1년 옥살이가 그를 기다리고 있는 다음 순서였다. 그러나 그런 옥고 경험은 오히려 시인을 더 단단하게 이끌었다. 출감 뒤 내놓은 작품에서도 둘레 감시를 뚫고 한결같은 목소리를 숨기지 않았다. 남다른 용기와 자기 단련이 없다면 어려울 일이었다.

　① 예서 님이 계신 곳 그 몇 리던고
　　　두만강만 건너면 그곳이련만
　　　그 님 소식 웨 이리 들을 수 업나

강남 갓든 제비도 수로로 만 리
봄이 오면 녯집을 차저옵니다

이 나라 이 백성을 구하리라는
크나큰 쯧을 품고 써나가신 님
만주들 찬바람에 어이 지내나
새바람 싸늘하게 불기만 하면
쎄마듸 마듸마다 저려옵니다

날마다 오는 신문 바다들고서
혹시나 우리 님이 아니 잡혓나
자세히 몇 번이나 닑어 봅니다
그러나 거긔서도 님 소식 몰라
기다려 고흔 얼골 다 늙습니다

— 「님 생각」[36]

② 갈보청 낫구나 갈보청 낫네
　　우리나 동리에 갈보청 낫네
　　봉선이 공장에 돈벌러 가드니

---

36) 『조선일보』, 1930. 1. 18.

지금엔 도라와 갈보질하네

봉선이 갈보청엔 그 뉘가 자나
하이칼라 구두가 문간에 찻네
고무구두 구두는 구두 아닌가
젊은 놈 간장만 웨 이리 태우나

— 「갈보청 – 머슴들의 노래」37)

①은 근포 조순규의 민족의식과 그 지향점이 어디에 있는가를 잘 드러내 주는 민요시다. "두만강 건너면" 있다는 '님'에다, "이 나라 이 백성을 구하리라는/크나큰 뜻을 품고 써나 가신 님"이라 했다. 그러니 그 님의 어떤 이인가는 확연하다. 게다가 시인은 "날마다 오는 신문 바다 들고서/혹시나 우리 님이 아니 잡혓나" 걱정한다. 점입가경이다. 당대 직간접적인 검열 속에서 이만한 속살을 담은 작품 발표가 뜻밖일 정도다. 표현도 구체적이다. 1년에 걸친 투옥 경험에도 아랑곳없이 여물었던 민족의식이 뚜렷하다.

그러한 마음가짐은 이어진 ②의 「갈보청 – 머슴들의 노

---

37) 『조선일보』, 1930. 1. 18. 두 편 다 趙純따로 발표.

래」에서 더 확연한 꼴을 갖춘다. 갈보가 되어 고향으로 돌아온 '봉선'을 바라보는 애타는 마음을 담은, 머슴의 탈을 쓴 시인의 목소리가 그것이다. 이러한 탈시를 빌린 민요시 창작은 근포 스스로 세상을 보는 눈길이 매우 넓어졌음을 알게 한다. 다른 문학 갈래에 눈길을 돌린 때도 이 무렵이다. 가벼운 수필에 머물지 않고 동요와 동화 창작에까지 나아갔다. 본격적인 계몽 문학을 의도한 것이다. 1920년대 후반부터 1930년대 초기까지 나라 곳곳에서 일어나고 있었던 다른 지역의 민족·민중 활동가와 나란한 궤적을 근포도 따르고 있었다.

그러나 근포는 문학사회에 요란스럽게 나서지는 않았다. 농사를 짓고 밤배움을 꾸리면서 실천 현장에서 자신을 가꾸고 둘레를 돌아보는 활동가로 고향에 남아 있었다. 그 과정에 지난 날 자신이 채록해 왔던 민요를 『무궁화』라는 이름으로 손수 한 자리에 묶은 일은 뜻이 깊다. 아울러 틈틈이 시조나 논설을 썼고, 그것을 『울산농보』를 비롯한 지역 잡지에 싣기도 했다. 그 사이 시절은 이른바 조선총독부의 식민 획책의 절정 1940년대로 들어섰다. 더욱 가혹해진 현실 앞에서 근포는 이른바 치안유지법으로 투옥 경험을 지닌 지역 청년 지도자라는 낙인을 조심스럽게 벗겨가면서 살아야 할 운명이었다. 1945년 1월, 그가 웅촌면장으로 자리를 옮긴 것은 그러한 과정에서 얻은 한 피난처였는지 모른다.

4. 육필 시조집 『계륵집』과 네 가지 꽃빛

『계륵집』은 1961년부터 만든 것으로 보인다. 1961년도 일기장을 사서 그 위에다 일기 대신 시조 작품을 옮겨 적기 시작했다. 틈틈이 손질하여, 가감 흔적이 곳곳에 남아 있는 작품들의 창작 시기를 알기는 힘들다. 쓴 시기를 밝힌 몇 편을 젖혀 두곤, 작품이 연대순으로 엮이지 않은 탓이다. 어버이를 여읜 사친시조가 1933년과 1936년에 걸쳐 있다. 『병자회일음』이라는 시조는 병자년인 1936년도 작품이다. 태어나자 바로 이승을 뜬 딸에 대한 애도시「울 애기 만장(輓章)」은 1945년 작품이다. 『조선일보』에 실었던 1920년대 작품은 실리지 않았다. 그리고 뒤 시기 작품으로는 1976년 교직 정년 뒤에 쓴「다방에서 — 고(故) 우제(于齊) 형을 생각하고」가 보인다. 따라서 『계륵집』에 실린 작품은 1930년대 초반부터 1970년대 후반까지 걸친 작품인 셈이다. 마흔 해를 넘게 꾸준히 쓴 시조가 『계륵집』을 이루었다.

『계륵집』에는 모두 76편을 싣고 있다. 게재 순서가 창작 시기의 순서를 보여 주지는 않는다. 처음 『계륵집』을 마련할 때 이미 시인 스스로 작품 됨됨이에 따라 묶음을 지어 올린 것으로 보인다. 따라서 40년을 넘는 기간 동안 쓴 작품이지만 근포 시조를 통시적 흐름에서 살피는 일은 어렵다. 그런 까닭에 공시적 단위로 작품의 주요 됨됨이를 짚어 보는 것이 유효하리라 여겨진다. 그렇게 볼 때 모두 넷으로 나눌 수 있다. 경물시조·사향시조·사회시조·성찰시조가 그것이다. 이제 그들을 차례차례 짚어 가며 근포 시조의 속살을 엿보고자 한다.

첫째, 경물시조다. 철따라 바뀌어 가는 세상 풍정과 대상에 대한 관심, 그리고 그것을 빌린 삶의 자각을 담은 시조가 경물시조다. 우리 시조가 오래도록 거듭해온 한결같은 텃밭이다. 근포의 작품 또한 우리 근대 시조의 일반 특성을 고스란히 따르고 있는 셈이다. 그런 가운데 범상하지 않은 자질을 곧잘 드러낸다.

① 오붓이 가지마다 봄을 벌써 마련하고
　마지막 그 정열을 불사르며 지는 잎새

죽음은 찬란한 보람 타오르는 향로여

　　　　　　　　　　　　　　　　— 「낙엽 (1)」

　② 너만 바라보면 내 마음은 한 마리 새
　　 여기 우두커니 몸뚱이만 남겨두고
　　 푸르르 날아 날아서 네 가슴을 더듬느니

　　　　　　　　　　　　　　　— 「하늘」 가운데서

　가을 낙엽을 "정열을 불사르며", 찬란하게 "타오르는 향로"에 비긴 작품이 ①이다. 보통의 시조에서 볼 수 있는 경우와 다른 상상적 확장이 이루어졌다. ②에서도 경물시조로서 됨됨이는 분명하다. 하늘을 바라보면 "내 마음은 한 마리 새"라는 첫 줄은 평범하다. 그러나 "여기 우두커니 몸뚱이만 남겨두고", "푸르르 날아 날아서" 하늘을 더듬는다는 시줄은 하늘에 대한 시인의 남다른 애착을 동적으로 잘 담았다.

　① 그 고개 외딴 주막 손이란 하나 없고
　　 양지쪽 마루 끝에 상 하나 차려 놓고
　　 다양한 봄볕에 앉아 할머니는 조운다

하얀 머리털이 바람결에 흩날려도

봄볕은 희롱하듯 눈섶 위에 내려오고

그 옆에 괭이 한 마리 잠이 또한 깊으다

─「춘산등척(春山登陟)」 가운데서

② 살아선 한때 영화를

누려도 보았으리

욕된 그 삶이

스며 아리는 비석 앞에

그날을

뉘우치는가

고개 숙인 할미꽃

─「고총(古塚)에서」 가운데서

  근포의 경물시조 가운데서도 시적 너비를 잘 엿볼 수 있는 두 편을 골랐다. ①은 봄볕 아래 조는 주막 할머니와 그 둘레 풍경에 대한 묘사가 중심이다. 그런데 "하얀 머리털이 바람결에 흩날려도/봄볕"이 "희롱하듯 눈썹 위로" 내려온다는 미세한 눈길은 비범하다. ②에서도 흔하지 않는 표현력을 볼 수 있다. 오래된 무덤의 "비석 앞에", "고개 숙인 할미꽃"을 찾아내는 눈길이 그것이다. 근포의 경물시조는 순연한 자연 서정에서부터 철따라 바뀌는 인심과 역사 대상물에서 느끼는 감회까지 폭넓게 담아낸다. 근포 시조는 이러한 경물시 바탕에 든든히 뿌리내리고 있어 시상이나 표현에서 온건한 느낌을 주기 마련이다.

둘째, 사향시조다. 근포는 울산에서 태어나 그 뒤 동래고보 재학 시절 5년을 빼고 나면 청장년기까지 삶을 거의 다 고향에서 보냈다. 그러다 1949년 부산으로 일터를 옮기며 고향을 떠났다. 다시 만년에 돌아와 몇 해 머물다 이승을 떴다. 각별히 고향을 떠나 도시 부산에서 겪었던 세월은 근포에게 중년의 그늘이 어깨를 짙게 짓눌렀던 시기였다. 그를 늘 든든하게 뒷받침해 주는 장소로서 고향에 기울이는 마음이 여느 사람과 달랐을 것임을 짐작하기란 어렵지 않다. 그런 까닭인지 근포 작품에는 고향 그리움을 다룬 사향시가 유별나게 잦다.

① 감꽃 꿰미 꿰어 목에 걸고 즐기던 날
　 까마득 그 시절이 눈에 애젓 못 잊혀라

되돌아 옛길에 서서 불러보는 그리움

　　　　　　　　　　　　　　　　　　—「감꽃 필 무렵」

　② 발 굴려 뛸 때마다 나부끼는 빨간 댕기

　　제빈 양 호접인 양 휘날리는 치맛자락

　　그 옛날 오월 단오는 흥겹기만 하더니

　　　　　　　　　　　　　　　　—「단오」 가운데서

　고향은 세계 이해의 첫 경험을 이루는 친밀 공간이다. 그런 점에서 한 개인에게 평생을 뒷받침하는 든든한 바탕이다. 고향에 살고 있는 이에게는 거기에 뿌리박고 있다는 안온함을, 고향을 떠나 있는 이에게는 거기로 향한 그리움만으로도 현실을 살아낼 힘을 얻는다 근포 같이 오래도록 고향에 몸을 담고 살았으면서도 바깥 세파에 시달림이 많았던 이로서야 고향을 향한 마음이 곡진할 수밖에 없었으리라. ①은 고향 바깥에서 고향에 몸 뉘고 살았던 '까마득'한 옛 시절을 "불러 보는 그리움"을 담았다. 그리운 고향 공간은 철따라 터따라 갖가지 추억과 사연이 봄풀처럼 돋는 곳이 아니었던가. ②는 그런 일 가운데서 시인에게 강렬한 추억으로 남은 오월 단오 풍경을 그랬다. 지금은 쇠잔해 가까이 겪기 힘든 일이 되어 버린 단옷날 그네뛰기를 시인은 고스란히 되살려 낸다. 고향은 구체적인 놀이나 일과 맞물려야 더욱 고향다워진다는 사실을 이 작품은 잘 보여 준다.

③ 쑥이랑 냉이랑 캐어 밥 짓고 국 끓이고
　　이웃이 서로 갈라 정다웁게 먹는 인정
　　우리도 이 마음 배워 한집 같이 지내세

　　흙밥에 냉잇국을 돌반 위에 차려 놓고
　　길가는 나를 보고 먹고 가라 권는고야
　　우리네 구수한 인정 여긴 아직 남았네
　　　　　　　　　　　　　　　ー「소꿉질」가운데서

④ 누구서 닥칠 일을 미리 알아차리려냐
　　시달려 지친 죽지 접어 쉴 곳 없건마는
　　그의 품 고운 요람에 다시 안겨보노라

　　버리고 떠날 것가 이 산수 이 인정을
　　할퀴고 물어뜯는 현실 이리 각박해도

따수히 내 고향만은 나를 안아 주거니

― 「귀향시초」 가운데서

③과 ④는 사향시의 전형이다. 고향에서 누리는 인정이란 너나없이 같은 삶의 테두리 안에서 산다는 믿음과 확신에서 나온다. 사람이면 누구나 지니고 있을 것이라 믿어 의심치 않는 삶의 덕목이 인정이라면 그 인정스러움은 고향에서 가장 두드러지게 드러난다. ③은 그러한 인정을 고향에 들린 길에 느끼는 짜임새를 지녔다. 그런데 단순히 인정스러움을 서술하는 보통 시조와 달리, 아이들의 소꿉놀이를 바라보는 어른의 눈길로 그것을 표현한 데 묘미가 있다. ④는 고향의 인정에 기댈 수밖에 없게 만드는 세파와 현실을 일깨워 준다. "고운 요람" 고향의 인정은 "할퀴고 물어뜯는 현실" 아래서도 "나를 안아" 준다. 한 사람에게 고향은 첫사랑의 공간이자, 몸 뉘일 마지막 공간인 셈이다.

근포는 이러한 사향시를 빌려 현실로부터 오는 갖가지 갈등과 번민으로부터 벗어날 수 있을 여지를 갖출 수 있었다. 다채로운 삶의 친밀경험을 추억으로 아로새길 수 있었다. 따라서 그의 사향시조 속에는 어머니와 아버지를 향한 사친시에서부터, 벗과 친구를 향한 사우시, 그리고 풋풋한 첫 정으로 아득한 연애시까지 너르게 담겨 울림이 크다. 여느 시인과 달리 사향시조를 빌린 고향 사랑을 되풀이하는 데 근포가 머뭇거림이 없었다는 사실은 그만큼 그가 맞닥뜨렸던 현실이 팍팍했음을 역설적으로 일깨워 준다.

셋째, 사회시조 자리다. 근포는 두 번에 걸친 투옥 경험으로 역사의 질곡에 깊이 옥죄었던 경험을 지닌 이다. 겉으로 드러내지는 않았지만 세상을 바라보는 눈길에 평생 날카로운 대타의식을 포기하지 않았다. 그런 점은 그의 시조 곳곳에서 드러난다. 현실 사회를 향한 간곡한 목소리가 작품 전면에 나서는 시조를 고르는 일은 그리 어렵지 않다.

 기어이 건너야 할 막다른 운명들인데
 다리는 오늘도 걸려 있지 않았다
 밀치락 닥치락하며 아우성치는 사람들

 강 저 건너편 바라던 무엇이 있으리라
 모두 다 이리들 악을 쓰며 덤비는데
 수많은 사람들 속에 나도 함께 끼인다

  ―「다릿목에서」 가운데서

어쩔 수 없이 사람은 "밀치락 닥치락하며 아우성"치며 살아갈 수밖에 없는 운명이다. 다릿목에서 이저리 함께 악을 쓰며 덤비며 강을 건너려는 군상 속에 시인의 애처로운 자의식이 뚜렷하다. 너나없이 그렇게 떠밀리기도 하고, 떠밀기도 하면서 "강 저 건너편 바라던 무엇"을 향해 걸어갈 수밖에 없다. 시인은 그것을 잘 안다. 그러나 세상은 한 개인이 짊어지기 너무 힘든 일들을 저질러 놓고는 개인에게 그 책임을 돌린다. 어기찬 일이지만 개인은 그에 여지없이 당할 수밖에 없는 존재다.

마구 울음이 터질 듯 잔뜩 찌프린 날씨
오늘도 젯트기 폭음만 귀청을 간질이고
전쟁이 밟고 간 자국 구멍 뚫린 저 하늘

―「전적(戰跡)」

시인은 전쟁을 "마구 울음이 터질 듯", "찌프린 날씨"라 적었다. 그런 한가운데를 전투기는 무자비하게 뚫고 나아간다. 이미 남다른 전쟁의 고통을 겪은 근포였다. 가슴 저리게 참혹한 전쟁 현장 앞에 참으로 사소하게 놓여 있는 자신을 탄식하고 있다. 이에 견주어 아래 작품들은 그를 노엽게 만들고, 비통하게 만드는 실체가 암시적으로 드러나는 경우다.

① 울어도 울어도 풀 길 없는
　가슴을 부여안고

　밤낮을 헤이잖고
　산으로 들로 쏘대는 이 몸

　분함에 터지려는 가슴 아
　터지려는 이 가슴

　　　　　　　　　　―「불을 뿜고 죽어라」 가운데서

② 누구를 가두려나
　누구를 또 묶으려나

　죽음보다 더 설운
　이 치욕
　이 분함을

뉘게 또
물려주려고
저 짓들을 하는고

— 「벽」 가운데서

③ 서러운 강산이기에
등지고 살으리라

눈감고 귀도 막고
듣도 보도 못할 바엔

차라리 입마저 닫고
벙어리로 살으리라

— 「맹아롱(盲啞聾)」 가운데서

①에서 시인은 "울어도 울어도 풀 길 없는/가슴"을 지녔다 했다. 그로 말미암은 노여움을 참을 수 없다. 무엇이었을까. 분명 개인에 걸린 일이 아닌 것만은 분명한데, 모습을 내보이진 않았다. 이어진 시줄에서 근포는 "묵묵히 돌아앉아/흐느끼는 너 내 강산아//차라리 불을 뿜어라 아

/불을 뿜고 죽어라"고 외친다. 차라리 불을 뿜고 죽으라는 저주 속에 견디기 어려운 비통이 서렸다. ②에서도 "죽음보다 더 설운/이 치욕/이 분함"을 이기기 힘들다 했다. "저 짓들"로 표현된 부조리한 세상 일은 무엇이었던 것일까. ③에서 시인은 '차라리' "눈감고 귀도 막고" 마침내 "입마저 닫고" 살 수밖에 없는 현실로 내몰린다. 무궁화 꽃밭 화려하고 아름다울 강산은커녕 세상은 더욱 노여움과 절망만을 곱씹게 만들었다. 이름 없는 교사로서 살았음 직한 삶과는 딴판으로 안에서 끓어오르는 공분(公憤)이 사뭇 매섭다.

1
그날 천지를 덮던
피보다도 진한 분노

너희들 젊은 넋이
꽃잎처럼 지던 날에

나 홀로 내 또한
묘지를 파며 가슴을 치며

목을 놓고 울었다.

2
성난 물결처럼
출렁이는 대열 속에

하늘도 갈라져라
울부짖던 너희 모습

오늘도
살아 있구나 저
젊은이들 눈 속에

3
너희들 주검 위에
나라는 다시 섰고

너희들 지킴 아래
겨레는 살았거니

영원히

빛으로 살자

온 겨레의 별이여

　　　―「영원한 별―4·19 희생학도위령제에 부쳐」

　경자시민의거 '희생학도위령제'에 부치는 헌시다. 근포가 지녔던 공분의 속살을 잘 드러낸다. 젊은이들의 '주검'은 나라를 다시 세웠으며, 겨레를 다시 살렸다. 희생당한 학생들을 '영원히' "온 겨레의 별"로 우러러 보자는 근포의 목소리는 절절하다. 그런 속에는 지난날 열혈 청년 조순규의 상징적 죽음에 대한 애도가 함께 녹아든 듯하다. 경자시민의거로 말미암아 떨기떨기 졌던 젊은이들의 죽음은 바로 한평생 무궁화 꽃밭을 가꾸고 싶었던 근포 자신의 좌절이며 비통이었던 셈이다.

　근포 시조의 네 번째 됨됨이는 자기 성찰시다. 한 개인으로서, 가장으로서, 교사로서, 시인으로서, 이웃으로서 살아가며 얻게 된 상념과 각오 또는 깨달음이 조곤조곤 옹근 자리가 거기다.

① 어디를 둘러봐도 오직 삭막한 산하

　누구를 만나 봐도 차디찬 눈길인데

　이 속에 나도 끼어서 살아야만 하는가

— 「염원」 가운데서

② 저마다 마음속엔

　날난 손톱을 가꾸면서

　겉으론 착한 체

　꾸며 사는 상판대기

　어울려 살아얄 운명이

　내 더욱이 섧구나

— 「슬픈 족속」 가운데서

"어디를 둘러봐도 오직 삭막한 산하"라 일컫는 시인의 목소리에는 회한과 서글픔이 짙다. 그 "차디찬 눈길"을 걸어야 할 사람은 자신뿐만 아니다. 너나없이 바쁜 얼굴로 오가는 장삼이사 모두를 세우고 물어볼라치면 어찌 속속들이 피 토하듯 나눌 사연이 없을 것인가. 어쩔 수 없이 더불어 살아야 할 자신에 대한 연민을 아낌없이 보여 주고 있는 시가 ①이다. ②는 자신의 몸에, 마음에 눈 발자국처럼 찍어대는 세상사가 무엇인지를 뚜렷하게 드러낸 작품이다. "저마다 마음속"에 "날난 손톱을 가꾸"고 있는 위선과 기만이 그것이다. "겉으론 착한 체/꾸며대는 상판대기"에 밟히고 다친 적이 한두 번인가. 가까운 이, 먼 이 없이 왔다가 때리고 할퀴고 달아나는 세파에 시인이 겪는 설움은 크다. 그럼에도 세상과 더불어 "살아얄 운명"임에는 달라짐이 없다. 근포에게 삶이란 쓴 웃음과 남모를 탄식으로 재울 수밖에 없는 길이다. 그 운명의 길은 "할배들이 가시던 길"이며 "아배들이 가시던 길"이었다. "우리 모두 그 길로/가야만 할 슬픈 족속"일 따름이다. 그리하여 "진정 미칠 듯" 가슴이 '바숴지는' 아픔을 안고 오늘도 시인은 거리로, 집으로 떠돈다.

③ 내 이 백묵으로 무엇을 또 쓰려는가
　　참을 갈구하는 저 순진한 눈들 앞에
　　오늘도 멍하니 서서 망설이고 말았다

　한 점 티도 없는 깨끗한 저들 마음속에

또 하나 커다랗게 거짓을 뿌려 주고

창 너머 파란 하늘만 바라보는 내 마음

— 「독백 — 교사의 노래」

④ 파란 하늘처럼

가까운 듯 머언 거리

한사코 따르다가

내가 죽을 뮤즈여

이토록 바람(希望)에 지쳐

죽어가는 망부석

— 「망부석」 가운데서

  근포는 고향 울산에서 겪었던 짧은 공직 생활과 농사일을 접고 보면 늦게 시작했을망정, 평생 교단에 몸담았던 이다. 교사로서 얻었던 경험과 감회가 남다를 수밖에 없다. ①은 짤막하나마 교사로서 자신에 대한 성찰을 잘 보여 주는 '독백'이다. 교육이란 학생의 앞날에 "또 하나 커다랗게 거짓을" 뿌리는 일일 수 있음을 알면서도, 백묵을 들었다 놓았다 하는 자신에 대한 회한이 깊다. 그런 속에서 "창 너머 파란 하늘만 바라보는" 마음이야말로 교사라는 명실을 다하겠다고 늘 자신을 다독거렸던 그의 됨됨이를 고스란히 보여 준다. ②는 문학가로서 자신에 대한 성찰시조다. 근포에게 시신 뮤즈는 "한사코 따르다가/내가 죽을" 존재다. 평생 남몰래 시조 사랑을 앓아온 그의 아픈 자기 고백인 셈이다. 그러나 뮤즈는 나와 "가까운 듯 먼 거리"에 있다. 손에 잡힐 듯 잡힐 듯 잡히지 않는다. 그리하여 자신은 뮤즈를 향해 "바람에 지쳐/죽어 가는 망부석"이라 일컬었다. 고향 울산 치술령에서 동해 바다 너머 남편 박제상을 그리다 돌이 된 망부석 전설에다 문학을 향한 근포의 마음을 오롯하게 얹은 셈이다. 겉으로 드러나지 않았으나 근포의 긴 삶에서 시조가, 문학이 어떤 자리를 차지하는가를 잘 일깨워 주는 시줄이다.

근포는 교사로서도, 시인으로서도 이름을 들내지 않고 삶을 마무리했다. 삶에 대한 자기 성찰이 무엇보다 그 두 일로부터 오는 것은 당연한 노릇이다. 그런 가운데서 자신을 둘러싸고 있었던 벗과 가족, 그리고 세상 파고 높이 위에서 그는 어지러운 삶을 명상하고 자신을 용납하기 위해 마음을 다독거렸다. 그런 자기 성찰 가까이 둘레 지인의 기쁨과 슬픔을 바라보는 친교시의 자리 또한 거들었다. 이러한 근포의 성찰적 자아상은 그가 쉰 살을 맞이한 해 1956년에 쓴 아래 시조에서 빼어나게 드러난다.

> 한여름 뙤약볕에 땅이 금져 갈라져도
> 모질게 살아보자 허덕이는 숱한 미물
> 멍하니 굽어다 보는 내 몰골이 슬퍼라
>
> 누구서 이 나이에 천명도 깨쳤어라
> 지지리 욕된 삶을 가누지도 못하는 몸
> 차라리 내 살을 흩어 네게 던져 주리라
>
> ―「개미―누령(累齡) 오십을 맞으면서」

"한여름 뙤약볕에", "모질게 살아보자" 허덕이며 기는 개미를 보면서 자신의 '몰골'을 새삼 깨닫는다. 옛 사람은 나이 쉰에 천명을 안다고 하였건만 아직까지 근포에게는 "지지리 욕된 삶을 가누지도" 못한다는 자괴감만 솟는다. '차라리' 자신의 살을 개미에게 던져 주리라는 슬픔의 뿌리는 너무 깊다. 어디에 닿아 있는지 알기 힘들다. 쉰 나이에 이른 한 사람을 둘러싼 삶이 참으로 견디기 힘들 정도로 가혹했음은 짐작하게 이끄는 시줄이다. 다른 시조에서 찾기 힘든 가열찬 자기 성찰이 '개미'를 만나 힘찬 울림을 담은 가편을 마련했다.

『계록집』에 실린 근포의 시조 76편은 적어도 마흔 해를 넘는 기간에 쓰인 작품이다. 몇 개 매듭으로 묶어, 섣불러 그 속살을 짐작하고 말 대상은 아니다. 남들이 알든 모르든 시조를 사랑하고 그 사랑을 자기 식으로 성실하게 다듬어 온 결과가 그들이다. 그런 까닭에 이 글에서 경물시조·사향시조·사회시조·성찰시조라는 네 유형으로 살핀 일은 편의적일 따름이다. 더 깊은 속살을 읽어내는 일은 앞으로 독자사회와 시간의 몫이다. 그럼에도 그들 네 유형 안에는 세상에 이름이 들난 여느 시조 시인의 작품 못지않은 결곡함과 진정성, 자신과 세계를 향한 치열한 눈길을 살필 수 있다. 게다가 시인은 작품을 다듬고 엮어 내는 말씨에서도 단출하면서도 섬세한 솜씨를 아끼지 않았다.

민족의식으로 무장한 20대 열혈 농촌 지도자에서 시작하여 알려지지 않은 반투명의 역사 너머에서 홀로 마음을 연필 삼아 그려 놓은 너르고 다채로운 무궁화 꽃밭이 근포 조순규의 시조다. 그 꽃밭은 활짝 핀 모습이 아니라

한 사람의 좌절과 고뇌, 분노와 슬픔이 갈무리된 스산한 그림을 연출한다. 그런 점에서 오히려 우리 근대 시조의 미문주의 인습과는 벗어난 울림 큰 인생시를 근포는 선뵀다. 근포 시조는 스스로 붙인 겸손한 이름과 같은 계륵이 아니다. 향리 경남·부산·울산 시조 시단은 물론 나라 시조의 골짝 골짝을 마음껏 다니며 소리쳐 모자람 없을 한 마리 벼슬 당당한 장닭의 목청과 덕성을 자랑한다.

5. 마무리

근포 조순규는 이제까지 잘 알려지지 않았던 시조 시인이다. 비록 뒤늦게 시작한 일이지만 평생 무명 교사로서 제 몫에 충실했던 이였다. 그럼에도 그의 개인사는 역사의 굽이만큼 가팔랐다. 나라 잃은 시기 나이 스물두 살 농촌 청년 지도자로서 왜로에 의해 갇혔던 1년에 걸친 투옥과 1950년대 전쟁기 소용돌이 속에서 공산주의자로 몰려 거듭했던 옥고는 그가 겪었던 삶의 신고를 상징적으로 보여 준다.

오늘날 남아 있는 근포의 시조는 초기 『조선일보』를

중심으로 발표했던 7편과 육필 시조집 『계륵집』에 실린 76편, 그리고 학교 교지 『군봉』에 실린 2편을 비롯해 모두 85편에 지나지 않는다. 그럼에도 그것들은 전통적인 경물시조에서부터 시작하여 사향시조와 사회시조, 그리고 성찰시조에 이르는 다채로운 됨됨이를 중심으로 울림 큰 공간을 마련했다. 그의 시조는 공교로운 말솜씨를 내세우거나 신기함을 일부러 부풀리는 가벼운 시조들과 달리, 형식과 내용이 온당하게 맞물린 작풍이 든든하다. 교육자로서 지녔던 자기 절제가 잘 드러나는 이름 그대로 전형적인 교육 시조였던 셈이다. 그러나 그 안에는 여느 시조와 다른 삶의 신산과 비통, 그리고 사회를 향한 의분과 결기가 담겼다. 평생 민족의 꽃 무궁화 꽃밭을 가꾸고 싶었던 한 젊은이가 세월에 따라 겪는 좌절과 고뇌, 안타까움이 농익은 삶자리가 근포의 시조였다.

경남·부산·울산 지역의 근대 시조는 몇 갈래 뿌리에서 비롯한다. 그 가운데 하나가 안확을 처음으로 삼아 마산 창신학교를 중심으로 이루어진 흐름이다. 이은상과 1960년대 율동인이 그 대표 본보기다. 이른바 미문시조라 할 만한 흐름이다. 다른 하나는 부산 동래의 동래고보 교육장을 중심으로 일었던 부산의 교육 시조다. 김기택이 그 앞머리에 선다. 그는 통영으로 옮겨가 1926년부터 통영『참새』동인으로 활동하며 탁상수·고두동과 함께 뒷날 장응두·김상옥·박재두로 이어지는 통영 시조를 키웠다. 부산의 교육 시조는 그에서부터 비롯하여 서정봉·조순규·김기호로 이어졌다. 근포 조순규는 바로 이 가지를 튼튼하게 뒷받침한 이다. 그는 오랜 친교를 나누었던 김상옥과 같이 문학사회 전면에서 화려하게 재주를 들내거나, 장응두와 같이 세상 바깥으로 떠돌다 비극 속으로 휘감겨 든 모습과는 달리 교사 문인으로서 명실을 다하고자 애쓰며 시조 사랑을 오로지했다.

　울산 지역문학에서 볼 때 근포는 울산 근대 시조의 첫 자리에 오른다. 1920년대에 출발하여 1970년대까지 이르는 그의 시조는 이름을 들내지 않았지만 시조 문학이 활발하지 않은 울산 시조의 매을 오래도록 도밑은 역할이 오롯하다. 광복기 최현배의 옥중시조와 1960년대 김어수·김교한으로 자리가 넓혀질 때까지 근포 시조는 가장 일찍부터 가장 오래도록 쓰인, 거의 유일한 울산 시조였다. 게다가 근포는 울산 근대문학의 초기 문학사회를 이루는 주요 구성원이다. 박병호·양봉근에서 시작하여 정인섭·신고송으로 이어지는 1920년대 울산문학에 이제 근포 조순규가 제 자리를 찾은 셈이다. 그러면서 근포는 문학 출발기에서부터 누구 못지않은 민족의식을 담아낸 시인이다. 그리하여 근포라는 호를 쓴 이답게 온 나라가 활짝 핀 무궁화 꽃밭이 될 것을 꿈꾸었던 그는 우리 앞에 무궁화 시조를 두 편 남겼다.

① 무궁화 반가워라 네 다시 피었구나
　무서리 모진 시절 짓밟힌 지 몇 해라고
　이 후란 억천 만대나 길이길이 피어라

—「무궁화」

② 차라리 작열하는
　뜨거운 태양을 닮아

　진한 빛깔로 한번
　타는 듯 활짝 피어나 보렴

　우리네 모습들 마냥
　진정 슬픈 꽃이여

—「무궁화」

을유광복을 맞이하자 되찾은 무궁화 동산에서 근포가 써서 읊었던 시조가 앞선 ① 「무궁화」다. 육필 시조집 『계륵집』에는 실리지 않았으나, 다행히 딸 명자가 어릴 적 아버지로부터 배워 기억하고 있다 되살린 작품이다. 광복을 맞이한 기쁨과 근포의 민족의식이 모자람 없이 담겼다. ② 또한 근포 조순규, 그의 무궁화 사랑이 이웃 사랑이며, 겨레 사랑임을 한달음에 일깨워 준다. 무겁고 어두운 역사 너머 무궁화 꽃빛으로 아득히 저물어간 그의 삶과 문학이 어찌 예사로울까. 육필 민요집 『무궁화』와 학창 시절 육필 산문집 『잡초록』까지 하루바삐 세상에 전모를 선뵐 수 있기 바란다.

참고문헌

『조선일보』・『동아일보』・『중외일보』・『장미촌』

『군봉』・『경남여고』・『청구문학』

『시조연구』 창간호, 시조연구회, 1953.

『명부』, 동래공립고등보통학교, 1932.

조순규, 『무궁화』(육필 민요집), 근포서사 자가본, 1931.

_____, 『계륵집』(육필 시조집), 자가본.

_____, 『잡초록』(육필 산문집), 자가본.

조영복, 「『장미촌』의 비전문 문인들의 성격과 시 사상」, 『1920년대 초기시의 이념과 미학』, 소명출판, 203~247쪽.

편찬위원회 엮음, 『동래고등학교백년사』, 동래고등학교동창회, 2002.

『경남여자고등학교80년사』, 경남여자고등학교총동창회, 2007.

『웅촌면지』, 웅촌면지편찬위원회, 2002.

박옥현, 『동래의 역사와 문학』, 1998.

『울산문학사』, 울산문인협회, 2004.

조순규(趙焞奎) 해적이

1908년(1살) 3월 26일(음력) 경상남도 울산군 웅촌면 대대리 1324번지에서 아버지 조성돈(趙性暾)과 어머니 이정달(李貞達) 사이 2남 2녀 가운데 2남으로 태어나다. 본관은 함안으로 참의공파. 대대로 울산에 터를 둔 중농 집안으로 어렵지 않은 경제 상태에 큰집 식구와 대가족을 이루어 살다. 아버지는 울산공립보통학교(현 울산초등학교) 교사로 일하고 있었던 지식인이었다.

1919년(11살) 9월 아버지가 교사로 일하고 있었던 울산공립보통학교(현재 울산초등학교)에 입학하다.

1921년(13살) 9월 아버지가 웅촌공립보통학교 교사로 일터를 옮기다.

1923년(15살) 7월 입학 4년 만에 월반하여 울산공립보통학교를 졸업하다.

9월 동래고등보통학교 입학하다. 동기에 의사 시인 포백 김대봉, 소설가 요산 김정한이 있었다.

1926년(18살) 5월 12일, 동래고보 동기생 30명과 함께 19일까지 8일에 걸친 섬나라 수학 여행을 떠나다. 부산에서 배편으로 구주·대판·경도를 돌아보고 오다. 배 안에서 남의 나라 노동시장으로 노동력을 팔러 고향을 떠나는 우리 노동자와 그 가족을 보면서 비분강개하다.

1927년(19살) 5월 4일, 동래고보 5학년 동기생들과 11일에 걸쳐 남만주와 평양, 서울 지역 수학여행을 다녀오다. 부산에서 서울과 평양을 거쳐 만주 무순·대련·심양을 거쳐 되돌아오는 걸음.

9월 첫 발표 시조 「하추잡음(夏秋雜吟)」을 『조선일보』 15일자 '학생문예'란에 싣다.

동래일신여학교(현 동래여고)에 재학 중이던 18세 소녀와 첫 사랑을 나누다. 가난한 집안의 무남독녀로 조순규를 따라 '조선의 로사'(로자룩셈부르그)가 되기를 원했던 그녀를 그는 '로사'라 부르다.

10월 시조 「가을밤」을 『조선일보』 28일자 '학생문예'에 발표하다.

11월 「죽엄」·「비밀」·「눈물이라도」 세 편을 『조선일보』 18일자에 발표하다.

1928년(20살) 2월 「봉래유가(蓬萊遊歌)」 시조 7편 「금정산」·「동래성」·「망월대」·「정과정」·「온천」·「범어사」·「해운대」를 『조선일보』 7일자에 발표하다. 이때부터 학생문예 난이 아니라, 기성문인 대우를 받아 일반 난에 실리다.
3월 동래고보를 졸업하다.(5회) 일본 조도전대학으로 미술 공부를 하러 가고자 했으나, 아버지의 반대로 뜻을 이루지 못하다. 고향으로 내려 와 농사를 지으며 밤배움 활동과 울산 지역 농민조합 활동을 벌이다.
10월 자유시 「새벽이여」를 『조선일보』 5일자에 싣다. 이때부터 이름 한자의 奎를 吅와 '吅'로 뒤섞어 쓰다. '吅'와 '吅'는 모양만 다르고 뜻이 같은 글자다. 부르짖다, 훤칠하다, 이치에 맞지 않다는 뜻이 다 들었으나, 조순규는 부르짖다는 뜻으로 쓰다. 이 시기 계급주의 사상 학습과 단련을 더욱 확실하게 거치다.
자유시 「발자국」을 『조선일보』 6일자에 발표하다.
동요 「별」을 『조선일보』 28일자에 발표하다.
친구들과 편지 교환을 하다 그 내용이 불온하다 하여 치안유지법으로 기장면 동부리 김동득 들과 같은 여러 동지들과 함께 검거되다. 동래경찰서에 압송되어 1년에 걸친 옥살이를 시작하다. 로사가 등교하는 길마다 유치장 밖에서 염려하다.
11월 자유시 「가을잡영(雜咏)」을 『조선일보』 28일자에 발표하다.

1929년(21살) 11월 7일, 부산지방법원에서 검사의 1년 6월 구형에 대하여 무죄 언도를 받다. 『동아일보』와 『중외일보』에 해당 기사가 실리다. 1년에 걸친 옥고를 잊지 않기 위해 출옥 뒤부터 수의 번호인 272번을 자신이 지녔던 모든 책 272쪽에다 도장을 찍어 기억하다.

첫사랑 로사도 학생동맹 활동으로 퇴학당하다.

1930년(22살) 1월 민요시 「갈보청 – 머슴들의 노래」·「님생각」을 『조선일보』 18일자에 싣다.

울산 온양면 동상리 오진근의 2녀로 동갑 오모순과 혼인하다. 아래로 3남 4녀를 두다.

1931년(23살) 9월 맏아들 용문을 얻다.

6월 자신이 동래고보 시절 전국을 돌며 채록하거나 문헌에서 갈무리한 민요 400편 남짓을 묶어 '구전요집' 「무궁화』로 이름 붙여 자가본으로 묶다. 이때 내는 곳을 '근포서사'라 해, 장차 호가 된 '근포(槿圃)'를 처음으로 쓰다.

1932년(24살) 봄 로사가 다른 이와 혼례를 치르다.

1933년(25살) 울산 농조 활동을 계속하면서 서울 일간지와 지역 『울산농보』와 같은 매체에 동화·수필 작품을 투고, 발표하다. 조선인의 8할을 차지하는 무산 문맹 농민들을 위한 밤배움을 계속하다.

4월 아버지 지병으로 여의다.

1934년(26살) 4월 맏딸 숙자를 얻다.

1936년(28살) 7월 아들 용우를 얻다.

　　　11월 어머니 여의다.

1938년(30살) 12월 딸 명자를 얻다. 지금 웅촌 대대리에 생존해 있다.

1941년(33살) 7월 딸 양자를 얻다.

1944년(36살) 9월 딸 백합지를 낳다.

1945년(37살) 1월 웅촌면 면장직을 맡다.

　　　8월 을유광복 뒤에도 이어서 웅촌 면장직을 맡다.

　　　12월 딸 백합지 사망하다. 시 「울 애기 만장(輓章)」을 써 애도하다.

1946년(38살) 2월 울산군 웅촌면의 첫 민선 면장이 되다.

1947년(39살) 2월 딸 계란 출생하다.

　　　11월 웅촌면 면장직을 그만 두다

1948년(40살) 1월 딸 계란 사망하다.

1949년(41살) 6월 아들 용관 태어나다.

　　　10월 동래중학교에 강사로 부임하다. 국어와 교무부장을 맡다. 문예반을 맡아 『푸르가토리오』 3집을 내다. 거기에 시조 「조춘부」 싣다. 당시 향파 이주홍, 문인갑이 같이 근무하고 있었고, 시인 김규태가 3학년에 재학 중이었다.
1951년(43살) 8월 방학 때 잠시 집으로 내려갔다, 웅촌 면사무소로 잡혀 가다. 광복 이전 밤배움에서 가르쳤던 제자 가운데서 지역 빨찌산으로 자란 이들에게, 소판 돈을 가족 모르게 준 일이 빌미가 되다. 공산주의자임을 실토하라는 가혹한 고문을 받다. 부산경찰서로 옮겨가 무죄처분을 받아 1년 만에 나오다.

11월 동래중학교 겸 동래고등학교 준교사로 임명되다.
1952년(44살) 3월 동래고등학교 준교사로 임명되다.

8월 동래고등학교 임시교사로 임명되다.
1953년(45살) 1월 부산에서 고두동이 냈던 우리나라 첫 시조 문예지 『시조연구』 창간호에 시조 「하늘」을 발표하다.

8월 딸 숙희 얻다. 마산에 거주하고 있다.
1954년(46살) 7월 동래고교 교우지 『군봉(群蜂)』 4집에 「시조형식에 대한 소고」를 발표하다.

8월 딸 숙희 나다.
1955년(47살) 4월 동래고등학교 교사로 임명되다.
1956년(48살) 2월 『군봉』 5호(푸르가트리오 5집)에 「근영수제」라는 제목 아래 「바다」·「지연」·「바위」·「을미제야음」(1955) 네 편과 평론 「내가 수집한 『영남이앙가』 소고」를 싣다.

1957년(49살) 2월 『군봉』 6호에 한시 번역 세 편, 곧 이백의 「춘야낙성한적」, 강중소의 「춘규」, 곽진의 「자야춘가」를 싣다.

1959년(51살) 2월 『군봉』 8호에 시조 「박꽃」을 발표하다.

4월 경남여자고등학교 국어 담당으로 일터를 옮기다.

1960년(52살) 11월 경남여고 『청구문학(靑鳩文學)』에 시조 「박꽃」을 발표하다.

1961년(53살) 2월 『경남여고(慶南女高)』 6호에 시조 「귀향시초(歸鄕詩抄)」 발표하다.

5월 맏아들 용문, 김금자와 혼인하다.

1962년(54살) 2월 손자 승제 태어나다.

12월 19일 『동아일보』의 동아시조 난에 「바다」를 발표하다.

1963년(55살) 6월 손자 광제 태어나다.

1964년(56살) 10월 손자 경제 태어나다.

1965년(57살) 1월 경남여고 교우지 『경남여고』 9호에 평론 「우리 고전문학에서 찾을 수 있는 멋」을 싣다.

1968년(60살) 3월 부산원예고등학교로 일터를 옮기다.

1969년(61살) 2월 손자 홍제 태어나다.

1970년(62살) 4월 부산공업중학교로 자리를 옮기다.

1972년(64살) 4월 부산실업고등학교로 자리를 옮기다.

1973년(65살) 8월 25년 3월에 걸쳤던 교직 생활을 다하고 정년 퇴직하다.

1974년(66살) 8월 아내 오모순 사망하다.

1982년(74살) 12월 며느리 김금자 사망하다.

1986년(78살) 8월 딸 숙자 사망하다.

1987년(79살) 3월 맏아들 용문, 지병으로 사망하다.

1988년(80살) 1월 용관 돌아가다.

1989년(81살) 6월 증손자 웅 태어나다.

1991년(83살) 3월 증손녀 아라 태어나다.

1993년(85살) 7월 아들 용우 사망하다.

1994년(86살) 2월 24일(음력) 조순규 사망하다. 처음 고향 대대리 선산에 모셨으나, 뒷날 부산 영락공원으로 옮기다. 현재 유족으로 딸 명자, 숙희와 친손 승제, 광제, 경제 홍제 4남이 있다. 그리고 승제 곁에 손부 윤금자와 증손 웅, 아라, 광제 곁에 손부 권화영과 증손 미주를 두었다.

2011년 12월 박태일, 「무궁화 시인 조순규의 삶과 시조」를 『근대서지』 4집에 발표하다. 지역 『울산매일신문』에서 기사로 다루다.

박태일

1954년 경상남도 합천에서 나 부산대학교 국어국문학과에서 박사 학위까지 마쳤다. 1980년 중앙일보 신춘문예 시부문에 「미성년의 강」이 당선되어 시단에 나섰다. 그 사이에 낸 시집으로 『그리운 주막』(1984), 『가을 악견산』(1989), 『약쑥 개쑥』(1995), 『풀나라』(2002)가 있다. 연구서로는 『한국 근대시의 공간과 장소』(2000), 『한국 근대문학의 실증과 방법』(2004), 『한국 지역문학의 논리』(2004), 『부산·경남 지역문학 연구 1』(2004)을 냈으며, 『가려뽑은 경남·부산의 시 1: 두류산에서 낙동강에서』(1997), 『크리스마스 시집』(1999), 『김상훈 시 전집』(2003), 『예술문화와 지역가치』(2004), 『정진업 전집 1 시』(2005), 『허민 전집』(2009)을 엮기도 했다. 산문집으로는 몽골 기행문 『몽골에서 보낸 네 철』(2010)과 『새벽빛에 서다』(2010), 『시는 달린다』(2010)를 냈다. 현재 경남대학교 국어국문학과 교수로 일하고 있다.

지역문학총서 15
무궁화(근포 조순규 시조 전집)

ⓒ 박태일, 2013

1판 1쇄 인쇄__2013년 03월 10일
1판 1쇄 발행__2013년 03월 20일

지은이__박태일
펴낸이__양정섭

펴낸곳__도서출판 경진
        등 록__제2010-000013호
        주 소__경기도 광명시 소하동 1272번지 우림필유 101-212
        블로그__http://wekorea.tistory.com
        이메일__edit@gcbook.co.kr

공급처__(주)글로벌콘텐츠출판그룹
        대 표__홍정표
        기획·마케팅__노경민 최민지
        편 집__배소정
        편집디자인__김미미
        경영지원__안선영
        주 소__서울특별시 강동구 길동 349-6 정일빌딩 401호
        전 화__02-488-3280
        팩 스__02-488-3281
        홈페이지__http://www.gcbook.co.kr

값 14,000원
ISBN 978-89-5996-193-1 93810

※ 본사와 저자의 허락 없이는 내용의 일부 또는 전체를 무단 전재나 복제, 광전자 매체 수록 등을 금합니다.
※ 잘못된 책은 구입처에서 바꾸어 드립니다.